相馬文書

相馬胤顕置文（相馬岡田文書一号文書参看）

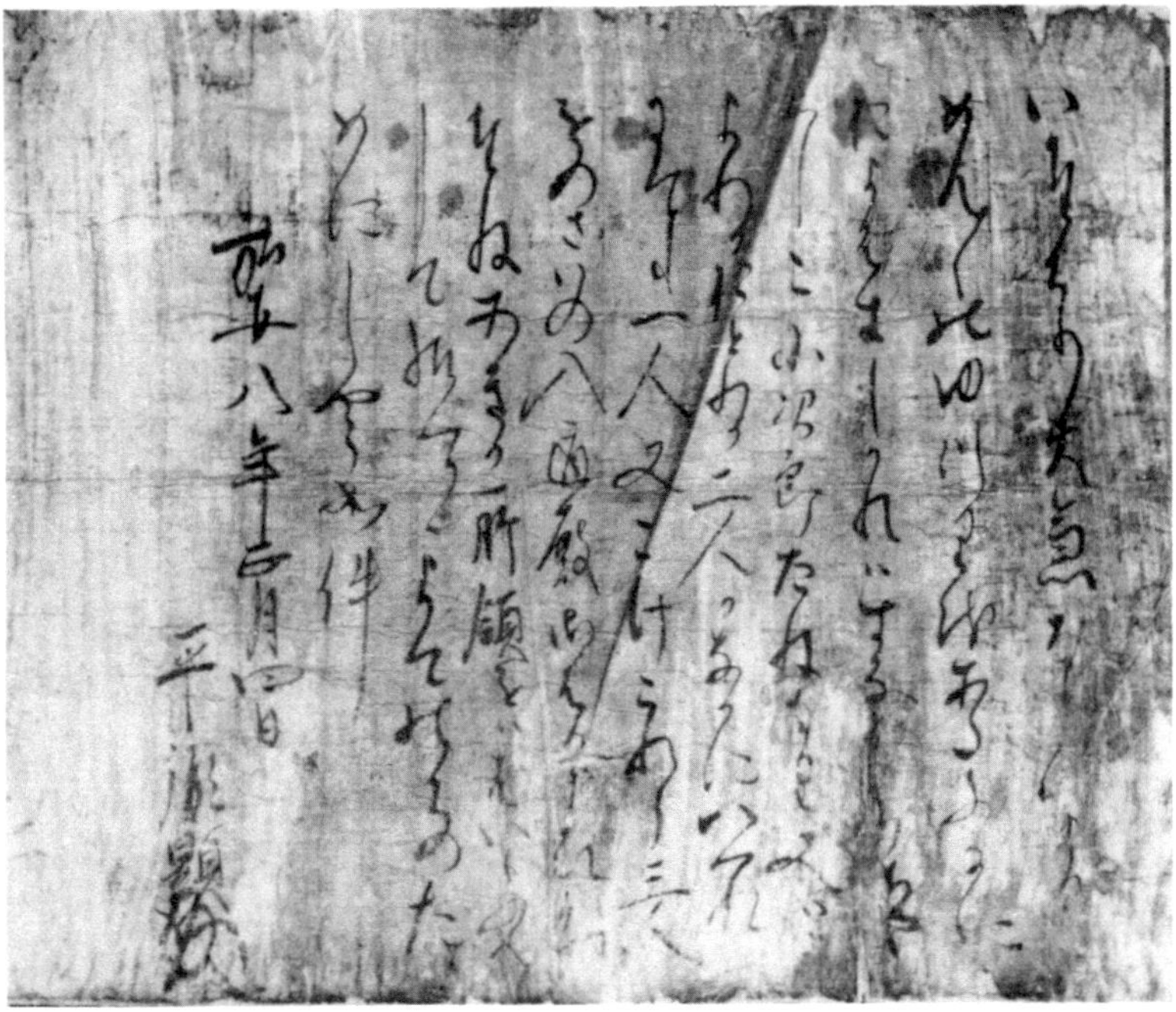

岡田幸胤氏所藏

北畠顕家袖判下文（相馬岡田文書一六号文書参看）

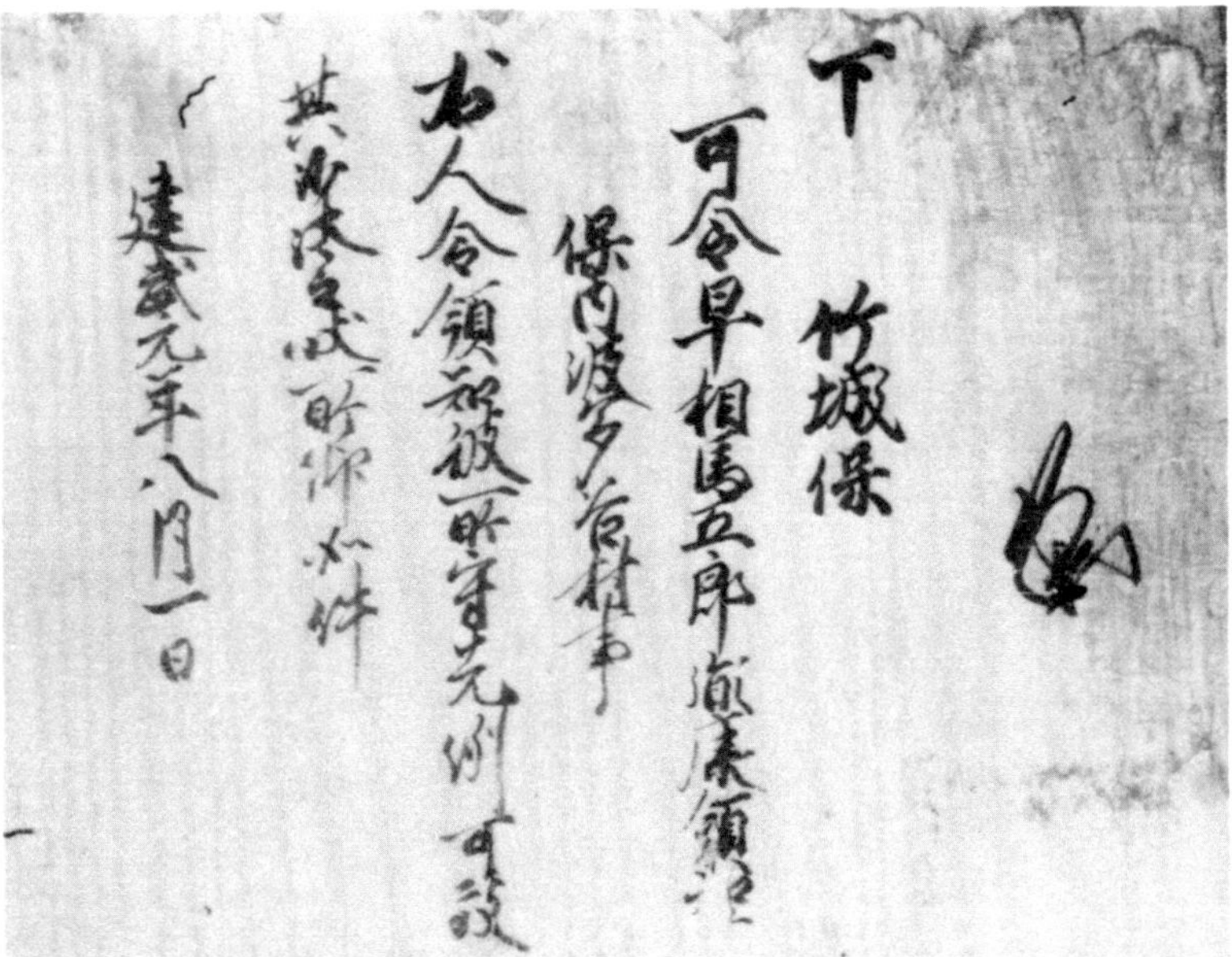

岡田幸胤氏所藏

關東下知状（大悲山文書一號文書參看）

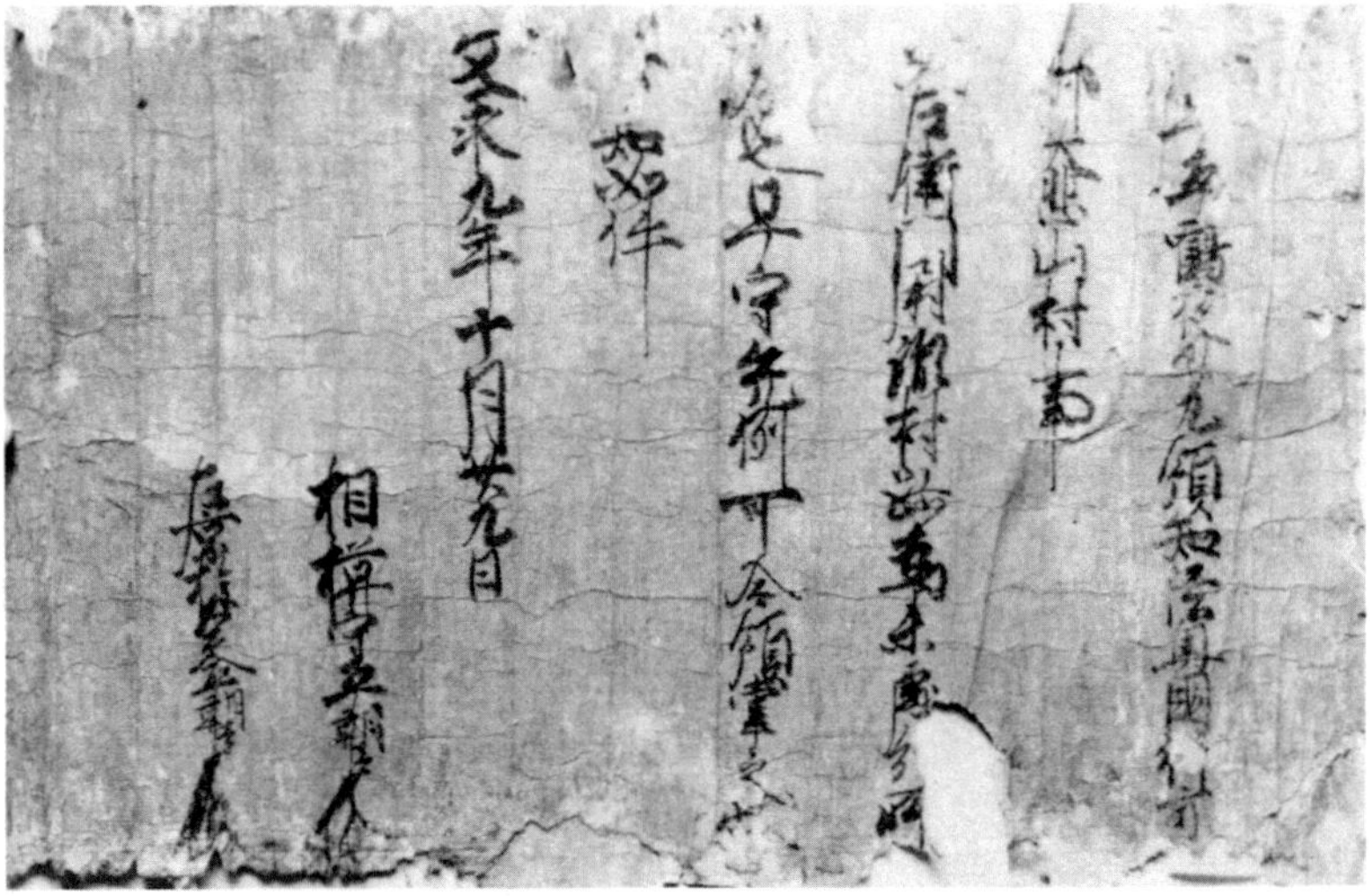

小高神社所藏

相馬之系圖

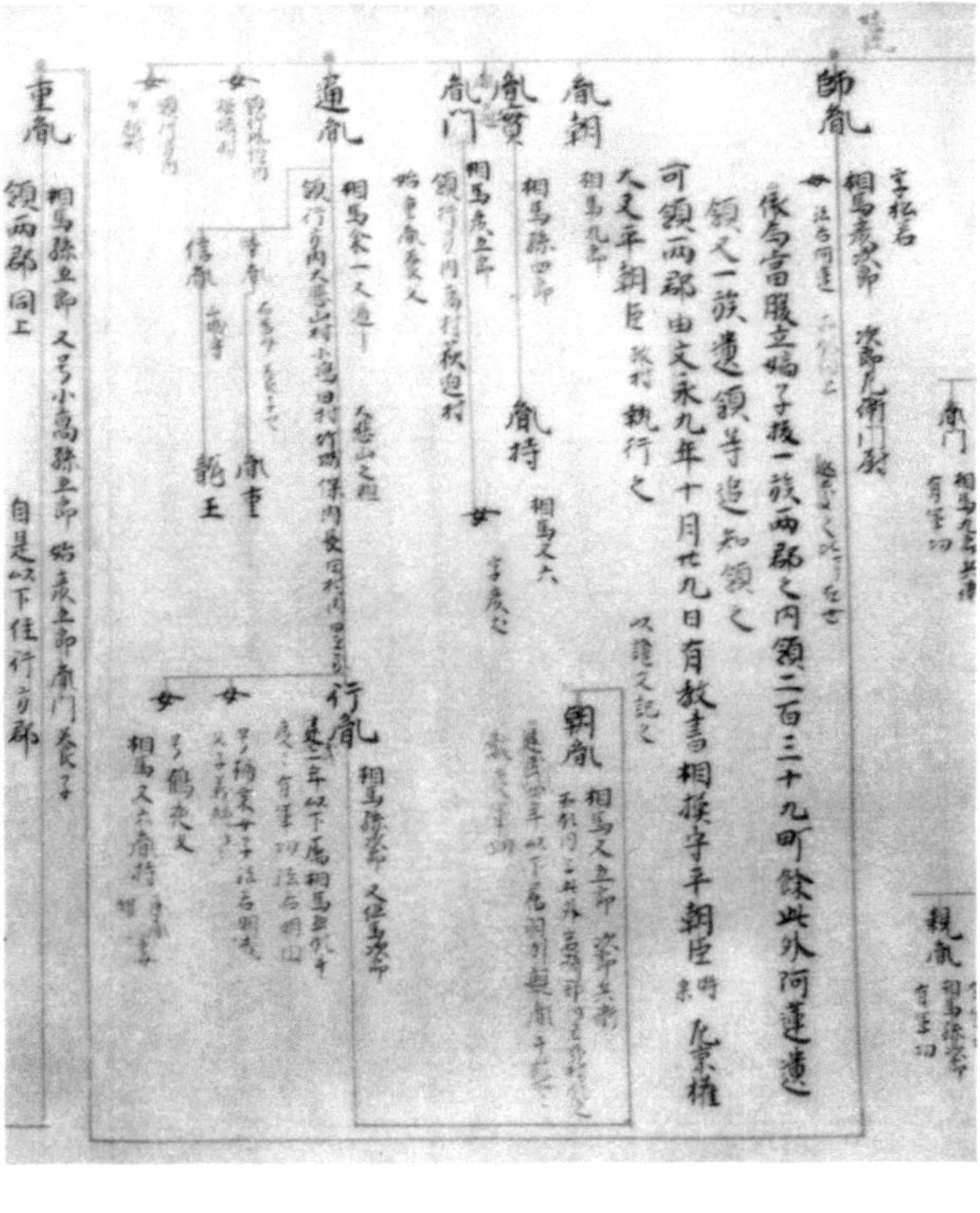

歡喜寺所藏

凡例

一、史料纂集は、史學・文學をはじめ日本文化研究上必須のものでありながら、今日まで未刊に屬するところの古記錄・古文書の類を中心とし、更に既刊の重要史料中、現段階において全面的改訂が學術的見地より要請されるものをこれに加へ、集成公刊するものである。

一、本書相馬文書は、中世の奥州相馬氏に關する相馬文書・相馬岡田文書（相馬岡田雜文書を含む）・大悲山文書の三種の文書群からなるが、そのほかに參考資料として相馬之系圖・相馬岡田系圖を卷末に收載した。

一、各文書群のなかの文書配列は編年に從つたが、年未詳のものについてはおおよその年代を勘案して適宜配列した。

一、相馬岡田雜文書は相馬岡田文書と一括したが、※印を付して判別できるようにした。

一、本書の翻刻に當つては、つとめて原本の體裁・用字を尊重したが、便宜、原形を改めた部分がある。その校訂上の體例を示せば、凡そ次の如くである。

1　文中に讀點（、）、並列點（・）を便宜加へた。

2　原本の闕損文字は、□で示し、その字數不明の場合は、［　　］又は〔　　〕又は［　　］、［　］等で示した。

3　抹消文字は左傍に抹消符（ミ）を付した。

4　校訂註は原本の文字に置き換へるべき傍註には〔　〕、參考または說明のための傍註には（　）をもつて括つた。とくに原本の誤記、誤脫、或は訛用の文字については、つとめて傍註を以て正した。

5　文書の闕落は（前闕）等で示した。

6　正・略・異體文字については、そのいづれかの識別に困難な場合が多いが、原則として正字を用ゐることにした。しかし、例へば鶴と靏、體と躰、殺と敍、等の如く區別したものも若干ある。

一、本書で底本としたものは、原本の亡失している相馬文書は東京大學史料編纂所架藏の影寫本、相馬岡田文書（相馬岡田雜文書を含む）と相馬岡田系圖は東京都世田谷區の岡田幸胤氏所藏の原本、大悲山文書は福嶋縣相馬郡小高町の相馬小高神社（相馬胤敏氏）所藏の原本、相馬之系圖は福嶋縣相馬市の歡喜寺（氏家義興氏）所藏の原本である。本書の公刊に當つて所藏者各位、及び相馬文書舊藏者の相馬惠胤氏には種々格別の便宜を與へられた。特に記して深甚の謝意を表する。

一、本書の校訂は、豊田武・田代脩両氏が専らその事にあたられた。併せて銘記して深謝の意を表する。

昭和五十四年十二月

續群書類從完成會

相馬文書目次

一　文永九年十月廿九日　關東下知狀……一

二　文永九年十月廿九日　關東下知狀……一

三　文永□〔九〕年十月廿九日　關東下知狀……二

四　こうあん〔弘安〕八ねん六月五日　阿蓮〔胤村後家〕讓狀……二

五　正應二年〔己丑〕二月廿日　相馬師胤（カ）讓狀……三

六　永仁二年八月廿二日　關東下知狀……四

七　（永仁二年）　永仁二年御配分系圖……四

八　（年月日闕）　相馬胤村讓狀案……五

九　永仁四年八月廿四日　相馬胤門讓狀……六

一〇　永仁五年六月七日　關東下知狀……七

一一　正安二年四月廿三日　關東下知狀……八

一二　（元亨元年カ）　相馬重胤申狀案……九

一三　元亨二年閏五月四日　關東御教書……一〇

一四　元亨二年七月四日　關東御教書……一一

一五　（元亨二年カ）　長崎思元代良信申狀……一一

一六　元弘三年六月五日　地頭代超圓着到状……一二
一七　元弘三年七月十七日　後醍醐天皇綸旨……一二
一八　元弘三年七月十七日　後醍醐天皇綸旨……一三
一九　元弘三年七月廿六日　官宣旨案……一四
二〇　元弘三年十二月　日　相馬重胤代親胤申状……一五
二一　建武二年六月三日　陸奥國宣……一六
二二　建武二年六月三日　陸奥國宣……一七
二三　建武二年十一月廿日　相馬重胤讓状……一八
二四　建武二年十一月廿日　相馬重胤讓状案……一九
二五　建武二年十一月廿日　相馬重胤讓状……二〇
二六　建武三年二月五日　相馬重胤讓状……二一
二七　建武三年二月十八日　相馬重胤定書……二二
二八　建武三年三月三日　相馬光胤着到状……二三
二九　建武三年三月十七日　相馬光胤軍忠状……二五
三〇　建武三年三月廿八日　相馬光胤軍忠状……二六
三一　建武三年四月十一日　斯波家長奉書……二八
三二　延元々年四月廿六日　北畠顯家官途吹擧状……二八
三三　建武三年五月九日　相馬光胤軍忠状……二九

五二 康永二年八月廿一日 石塔義元軍勢催促狀……四四
五三 康永二年十月二日 石塔義元禁制……四五
五四 康永二年十一月十八日 石塔義元軍勢催促狀……四六
五五 康永三年四月十二日 石塔義元軍勢催促狀……四六
五六 康永三年四月廿二日 石塔義元軍勢催促狀……四七
五七 康永三年八月廿日 石塔義元軍勢催促狀……四七
五八 康永三年十二月二日 石塔義元軍勢催促狀……四七
五九 貞和二年二月九日 吉良貞家催促狀……四八
六〇 貞和四年五月十九日 沙彌某等連署遵行狀……四八
六一 貞和四年九月日 相馬胤平申狀案……四九
六二 (年月日闕) 相馬一族闕所地置文案……五〇
六三 正平五年十二月廿八日(カ) 陸奥國宣……五一
六四 正平六年二月十一日 陸奥國宣……五二
六五 正平六年二月十三日 某軍勢催促狀……五二
六六 正平六年二月十三日 某軍勢催促狀……五三
六七 正平六年二月十三日 某軍勢催促狀……五三
六八 正平六年二月廿七日 後村上天皇綸旨……五四
六九 觀應二年三月日 相馬親胤申狀案……五四

七〇 觀應□〔二カ〕年九月廿六日 吉良貞家奉書 五五
七一 觀應二年十月九日 吉良貞家安堵狀 五五
七二 正平六年十月十一日 陸奥國宣 五六
七三 正平六年十月十八日 陸奥國宣 五六
七四 觀應二年十月廿五日 吉良貞家書下寫 五七
七五 觀應□〔二カ〕年十月廿六日 吉良貞家書下 五七
七六 觀應二年十一月廿六日 吉良貞家奉書 五八
七七 正平六年十二月四日 陸奥國宣 五八
七八 觀應二年十二月七日 吉良貞家奉書 五九
七九 觀應二年十二月九日 足利直義感狀 五九
八〇 正平六年十二月十三日 陸奥國宣 六〇
八一 正平六年十二月十五日 陸奥國宣 六〇
八二 正平七年正月十二日 陸奥國宣 六一
八三 正平七年二月廿九日 吉良貞家軍勢催促狀 六一
八四 正平七年閏二月十六日 陸奥國宣 六二
八五 正平七年三月七日 吉良貞家軍勢催促狀 六二
八六 觀應三年三月十五日 足利尊氏軍勢催促狀 六三
八七 正平七年三月十八日 吉良貞家軍勢催促狀 六三

八八　正平七年三月廿四日　吉良貞家軍勢催促状……六四
八九　觀應三年七月五□〔日〕　吉良貞家軍勢催促状……六四
九〇　觀應三年十一〔十一カ〕月廿二日　吉良貞家擧状……六五
九一　觀應□年□　某宛行状……六六
九二　文和二年四月廿日　吉良貞家書下寫……六六
九三　觀應四〔マヽ〕年六月十一日　崇光天皇綸旨……六七
九四　文和三年六月一日　石塔義憲預ヶ状……六八
九五　文和三年六月一日　石塔義憲奉書……六八
九六　七月三日　足利尊氏書状……六九
九七　十二月十一日　足利尊氏軍勢催促状……六九
九八　延文參季十一月廿日　相馬親胤讓状……七〇
九九　延文參季十一月廿日　相馬親胤讓状……七〇
一〇〇　延文參季十一月廿日　相馬親胤讓状……七一
一〇一　延文參季十一月廿日　相馬親胤讓状……七一
一〇二　相馬系圖……七二
一〇三　康安元年八月十日　足利義詮官途吹擧状……七二
一〇四　康安元年九月十八日　後光嚴天皇口宣案……七三
一〇五　康安二年十□日　斯波直持書下……七三

一〇六　貞治二年七月十一日　斯波直持宛行状……七四
一〇七　貞治二年八月十五日　斯波直持書下……七四
一〇八　貞治三年九月十一日　沙彌眞季打渡状……七五
一〇九　貞治六年正月廿五日　斯波直持奉書……七五
一一〇　貞治六年卯月廿八日　吉良治家奉書……七六
一一一　貞治六年卯月廿八日　吉良治家奉書……七六
一一二　貞治六年八月廿三日　相馬胤頼譲状……七七
一一三　貞治六年八月廿三日　相馬胤頼譲状……七七
一一四　貞治六年八月廿三日　相馬胤頼譲状……七八
一一五　貞治六年八月廿三日　相馬胤頼譲状……七八
一一六　貞治六年八月廿三日　相馬胤頼譲状……七九
一一七　應安五年十二月二日　斯波詮持（カ）奉書……七九
一一八　應安五年十二月十一日　沙彌清光打渡状……八〇
一一九　應安六年五月二日　左衛門尉持繼奉書……八〇
一二〇　應安六年九月十八日　斯波詮持（カ）奉書……八〇
一二一　永德元年八月十七日　石橋和義奉書……八一
一二二　九月六日　石橋和義書状……八一
一二三　至德三年七月十二日　石橋棟義預ケ状……八二

一二四　至徳三年十二月二日　石橋棟義預ケ状……八二
一二五　三月廿四日　某預ケ状……八三
一二六　明徳五年五月六日　相馬憲胤起請文……八三
一二七　應永二年十月廿一日　相馬憲胤譲状……八四
一二八　應永二年十月廿一日　相馬憲胤譲状……八五
一二九　應永二年十月廿一日　相馬憲胤譲状……八五
一三〇　「應永二」　下總國南相馬郡等田數注進状案……八六
一三一　應永四年五月廿二日　足利氏満軍勢催促状寫……八七
一三二　應永十七年二月晦日　五郡一揆契状……八八
一三三　永享八年丙辰霜月一□(日カ)　目々澤道弘預り状……八九
一三四　文正二年丁亥二月廿五日　目々澤道弘置文……八九
一三五　(天正十五年カ)極月三日　富田知信書状……九一
一三六　(天正十七年カ)十一月廿八日　石田三成書状……九一
一三七　天正十八年七月　日　豊臣秀吉禁制寫……九二
一三八　天正十八　十二月七日　豊臣秀吉朱印状寫……九三
一三九　五月三日　豊臣秀吉朱印状寫……九三
一四〇　十二月廿五日　豊臣秀吉朱印状寫……九四
一四一　(文祿元年カ)六月四日　相馬義胤書状……九四

一四二　元和八年八月廿一日　徳川秀忠黒印條目……九五
一四三　元和八年八月廿一日　徳川秀忠黒印條目……九六
一四四　五月三日　徳川秀忠書状……九七
一四五　五月四日　徳川秀忠書状……九八
一四六　八月廿三日　徳川秀忠黒印状……九八

相馬岡田文書目次

一　弘安八年正月四日　相馬胤顯置文……九九
二　正應三年六月廿三日　※關東下知状……九九
三　永仁二年八月廿二日　關東下知状……一〇〇
四　永仁二年八月廿二日　關東下知状……一〇一
五　永仁二年八月廿二日　※關東下知状……一〇一
六　應長元年八月七日　關東下知状……一〇二
七　正わ(和)四ねん八月七日　尼妙悟胤顯後家讓状……一〇二
八　正わ(和)四ねん八月七日　尼妙悟胤顯後家讓状……一〇三
九　けんをう(元應)にねん三月八日　尼專照胤盛後家讓状……一〇四
一〇　元亨四年六月二日　※北條高時安堵下知状……一〇五

二九 （建武四年カ） 相馬胤家代惠心申狀案……一一八
三〇 （建武四年カ） 相馬胤家代祐賢申狀案……一一九
三一 （建武四年カ） 相馬胤家代妙蓮申狀案……一二〇
三二 （建武四年カ） ※相馬竹鶴丸申狀案……一二一
三三 （建武四年カ） ※相馬福壽丸申狀案……一二一
三四 建武五年四月廿四日 石塔義房奉下知狀……一二二
三五 正月十三日 沙彌性觀書狀……一二二
三六 建武五年七月廿四日 石塔義房（カ）感狀寫……一二三
三七 曆應元年十一月十七日 石塔義房軍勢催促狀……一二三
三八 曆應二年七月十六日 ※相馬長胤後家着到狀……一二四
三九 貞和二年四月 日 ※相馬胤家代康國申狀案……一二四
四〇 貞和四年六月十□日 ※某奉書……一二五
四一 貞和四年十月八日 ※れうせう讓狀……一二六
四二 貞和五年九月十五日 ※相馬胤家和與狀……一二六
四三 觀應二年七月八日 吉良貞家書下……一二七
四四 觀應二年九月十五日 吉良貞家奉書……一二七
四五 觀應二年十月廿五日 吉良貞家奉書……一二八
四六 正平六年十二月十五日 陸奥國宣……一二八

六五　應永九年ミつのへむま五月十二日　相馬胤久讓狀……一三八
六六　應永九年ミつのへむま五月十二日　相馬胤久讓狀……一三九
六七　□四年きのへ子十月廿九日　岡田左京亮沽却狀……一四〇
六八　享德三年甲戌八月廿三日　※岡田盛胤契約狀……一四一
六九　文龜三年癸亥六月廿六日　相馬信胤質券……一四一
七〇　文龜四年甲子四月七日　相馬信胤沽却狀……一四三
七一　永正十五年つちのへとら六月□日　相馬義胤質券……一四三
七二　天文二年癸巳八月廿日　相馬基胤沽却狀……一四四
七三　天文亖年乙未十二月廿日　相馬義胤避狀……一四四
七四　□年正月十二日　相馬盛胤名字狀……一四五
七五　相馬系圖……一四六
七六　相馬岡田系圖……一四六

大悲山文書目次

一　文永九年十月廿九日　關東下知狀……一四八
二　正和貳年癸丑十一月廿三日　相馬通胤讓狀……一四八
三　建武元年十一月一日　相馬政胤打渡狀……一五〇

四　建武二年七月三日　陸奥國宣……一五〇
五　建武二年七月廿八日　相馬重胤打渡狀……一五一
六　建武二年十一月廿日　相馬重胤讓狀……一五一
七　建武四年八月日　相馬朝胤軍忠狀……一五二
八　建武四年丁丑十一月廿一日　相馬行胤讓狀……一五三
九　(建武五年カ)　相馬朝胤申狀……一五四
一〇　康永二年十一月七日　沙彌某等連署奉書……一五五
一一　康永三年六月十八日　相馬朝胤着到狀……一五五
一二　貞和二年九月十七日　伊賀光泰等連署召文……一五六
一三　貞和三年四月二日　吉良貞家等連署擧狀……一五六
一四　觀應二年十月九日　吉良貞家安堵狀……一五七
一五　大悲山系圖……一五七
相馬之系圖……一五九
相馬岡田系圖……二〇二
解　題……二一三

相馬文書

胤村跡を松若丸に領知せしむ
相馬御厨内薩間村粟野村
行方郡耳谷村

一　關東下知状

可令早平松若丸領知下總國□（相馬カ）御厨内薩間・粟野兩村、□（陸奥國カ）行方郡耳谷村事、

右、亡父左衞門尉胤村跡、爲未處□（分所カ）被配分也、早守先例可令領□（掌之状カ）、依仰下知如件、

文永九年十月廿九日

相模守平（北條時宗）（花押）

左京權大夫平（北條政村）（花押）

（押紙）時宗 鎌倉執權 冣明寺時頼三男

（押紙）政村 鎌倉執權 北條義時息

胤村跡を後家尼に領知せしむ
相馬御厨内増尾村
行方郡盤崎村
小高村

二　關東下知状

可早以尼（阿蓮）相馬孫五郎左衞門尉胤村後家領知下總□（國相馬カ）御厨内増（カ）尾村、陸奥國行方□（郡盤カ）崎・小高兩村事、

右、亡夫胤村跡、爲未處分所被□〔配分也カ〕、早守先例可令領掌之狀、依□〔仰下知カ〕如件、

文永九年十月廿九日

相模守平〔北條時宗〕□

左京權大夫平〔北條政村〕□

三　關東下知狀

胤村跡を某に領知せしむ行方郡高平□幷に□鷹倉狩倉

可令早平□丸領知陸奥國行方郡高平□幷□鷹倉狩倉事、

右、亡父左衞門尉胤村跡、爲未處分所被配分也、早守先例可令領掌之狀、依仰下知□〔如件〕、

文永□〔九〕年十月廿九日

相模守平朝臣〔北條時宗〕（花押）

左京權大夫平朝臣〔北條政村〕（花押）

四　阿蓮胤村後家讓狀

胤村後家阿蓮相馬御厨内増尾村を嫡子師胤に譲り渡す
女子こま夜叉出家のため悔返す
比丘尼一期の後は師胤知行すべし
胤實
乙鶴丸
子なくて死なば弟に譲る

ゆつりわたすしもつさのくに《下總國》□《相馬カ》御くりや《厨》のうちますをのむら《増尾村》□の事、ちやくしひこ《彦》
二郎も□《ろたねカ》ゆつりわたすところ也、この所ハ、ね□《うしカ》こまやさ《夜叉》しゆけ《出家》すへきよし□申
とゝめ《停》んかために、ゆつりて□しゆけ《出家》をし候ぬるあひた、くりかへ《悔返》□もろたね《師胤》にゆつ
りわたす所也、□たうの田壹ちやうハこまやさ《夜叉》□たひ《給》候て、ひくに《比丘尼》一こ《期》のちハ、も
ろたね□すへき也、たゝし、けんへいにうたう《入道》□ふん三郎かやしき《屋敷》つきのた《田》とも□
三ちやうたねさね《胤實》にとらすへし、へ□三郎かやしきをなしき《同》□にちやう《二町》おとつるまろ《乙鶴丸》□
にとらすへし、□しそやく《疎略》におきてハ、いつれも□まかせて、けたい《懈怠》なくさた《沙汰》をいた
□こなく《子無》てしな《死》ハ、をとゝ《弟》のなかに心□あらんにゆつるへきしやう、く□《たんのことしカ》、

こうあん《弘安》八ねん《年》六月五日　　　　あれ□

（押紙）
| 胤村室阿蓮 |

（押紙）
| 至爰師胤之證、延慶ノ比マテ在世 |

平某（師胤カ）松鶴丸（重胤カ）に所領を譲り渡す
相馬御厨内増尾村粟野村薩間村
行方郡小高村耳谷村村上濱

五　相馬師胤（カ）譲状

譲渡　松鶴丸《相馬重胤カ》所領事、
下總國相馬御厨内益《増》尾村・粟野・薩□、陸奥州《マヽ》行方郡内小高村・耳谷村□村上濱、兼
又祖母親父之跡、於預御配□圓可知行、但薩摩《間》村内王《カ》四郎入道在家□又次郎在家合貳

女房一期の後は松鶴知行すべし
胤門子息なく死去すれば松鶴知行すべし
公事は先例に任せて催促を加ふべし
松鶴子息なく死去すれば胤門知行すべし

宇、奉讓女房、〱一期□松鶴可知行、又益(増)尾村内八郎掾(カ)在□新平四郎在家合貳宇、讓渡舍弟□胤門於無子息令死去者、松鶴可知行、□等、云後家云胤門於御公事者、任先例□可加催促、但松鶴無子息令死去者、□彦五郎胤門可知行、仍守此旨可知(行)□、

正應二年己丑二月廿日

平□(相馬師胤カ)

六　關東下知狀

胤村跡を胤門に領知せしむ
陸奥國高村萩迫

可令早平胤門領知陸奥國高村幷萩迫已上田數載配分狀事、

右、以亡父左衛門尉(相馬胤村)跡、所被配分也者、守先例可致沙汰之狀、依仰下知如件、

永仁二年八月廿二日

陸奥守平朝臣(北條宣時)(花押)
(押紙)宣時　鎌倉執權

相模守平朝臣(北條貞時)(花押)
(押紙)貞時鎌倉執權相模守時宗息

七　永仁二年御配分系圖

永仁二年御配分系圖
赤沼

永仁二年御配分系圖

胤綱―胤村―
胤氏　六十二町三段三百歩　追赤沼六町
胤顯　四十四町七段二合　追赤沼四町
胤重　三十二町一段半
有胤　二十八町八段九合
師胤―重胤　十三町九段八合
胤朝　十二町九段七合
胤實　十二町四段六合
胤通　十二町六合
胤門―重胤養子　九町九段一合

重胤は胤門の養子

八　相馬胤村讓狀案

胤村子息等に所領を配分す

相馬五郎左衞門尉胤□（村讓狀カ）

胤顯分

一、五郎胤顯分　百九十四□（丁カ）餘

胤重分

一、六郎胤重分 □〔百〕

胤氏分

一、左衞門□胤氏分 九十餘丁

師胤は當腹嫡子たるにより自餘の子息に超過せしむ

一、彦次郎師胤分、依爲當腹嫡子、(押紙)師胤爲嫡子之證 二百三十九丁□二合也、令超過于自餘子息畢、如傍例駿河入道殿御跡・印東四郎太郎跡、皆以任亡素意御成敗畢、限胤村之跡、爭可被違先規之例哉、然者師胤任讓狀分限、欲預御配分、仍狀、

後家分

一、後家分 相馬 箕勾 同 薩摩〔間〕・栗野 □
同 增尾 闕所 盤崎
同 小高 已上五ヶ村内二ヶ村被給、

本文書の性格は檢討を要す 年未詳なれども姑くこゝに收む

件二ヶ所替仁、北田・高村等於可給之、

九 相馬胤門讓狀

胤門行方郡高村を嫡子重胤に讓り渡す 重胤は師胤と契約深く嫡子に立つ

ゆつりわたすそりやう〔所領〕の事、
なめかた〔行方〕のこをり〔郡〕のうち、たかのむら〔高村〕□みさハやまともに、ちやくし〔嫡子〕まこ〔孫〕五□〔郎しカ〕けたね〔重胤〕にゆつりわたす、このしけたね〔重胤〕□二郎もろたね〔師胤〕けいやく〔契約〕ふかゝりしに□ちやくし〔嫡子〕

一期の後は後家分女子分を重胤知行すべし

にたつる也、こけいちこ《(後家一期)》よ□こけふん《(後家分)》をハ、しけたねちきやうす《(知行)》□うし《(女子カ)》いちこ《(一期)》の〻ちハ、ねうしふん《(女子分)》をも□たねちきやう《(知行)》すへし、このあとにあい□た〻んともから《(輩)》のなかに、いさゝか《(聊)》もわ□をもいたしたらんともからにおきてハ、□のともからとして、このあと《(跡)》をあたる《(與)(マヽ)》へか□、まこ五郎しけたね《(重胤)》そのところをハ□やうすへし、たゝし《(但)》、たか《(高》のむら《村)》のうち□郎かたさいけ《(田在家)》ハ、うはいちこ《(祖母)(一期)》のほとハ、し□たねかと《(胤門)》かかうやう《(孝養)》をもこ〻ろやすくせ□へし、たゝし《(但)》、このやしきにわつらひ《(煩)》おもいた□をきてハ、これをしるへからす、うハいち《(祖母)(一)》□《(期カ)》のちハ、しけたねちきやう《(知行)》すへし、よての□《(ちのカ)》ために狀如件、

祖母一期の後は重胤知行すべし

永仁四年八月廿四日

たね□《(胤門カ)》

（押紙）胤村息胤門

一〇　關東下知狀

重胤代賴俊胤氏の押領を訴ふ

行方郡高村堰澤

去年八月二十四日和字讓狀は九號文書

重胤は師胤と契約深し

相馬彦五郎胤門養子孫五郎重胤代賴俊申、伯□門尉胤氏押領陸奧國行方郡高村堰澤苅取作□、

右、如重胤所進胤門去年八月廿四日和字讓狀者、高村堰□《(澤)》重胤仁讓渡、此重胤者、彦二郎師胤契約深加里志尓與利弖、立□一期之後者、後家分於波重胤可知行、女子一期之

一期の後は後家分女子分を重胤知行すべし

祖母一期の後は重胤知行すべし

胤氏重胤分を押領し作稲を刈取る

高村堰澤は重胤領掌すべし

後者、女子分於□跡尓相宛多覽輩之中尓、聊毛煩於毛致多羅牟輩尓於弖波、爲□可宛此跡、重胤其所於波可知行、但高村内新三郎田在家□程者、知勢弖胤門之孝養於毛心安具勢佐須邊志、此屋敷尓□尓於弖者、不可知之、祖母一期之後者、重胤可知行云々、而胤氏□押領重胤分苅取作稲之由、頼俊依訴申、度々下召符之□年四月二日請文者、不相綺云々、如重胤重訴狀者、胤氏不相綺□者可預裁許云々、此上不及異儀、然則於彼高村堰澤者、任□令重胤領掌之狀、依鎌倉殿仰、下知如件、

永仁五年六月七日

陸奥守平朝臣（北條宣時）□

相模守平朝臣（北條貞時）□

（押紙）執權 陸奥守宣時 相模守貞時

胤實と重胤阿蓮の遺領について相論す

相馬御厨内增尾村

陸奥國小高村盤崎村内釘野

一一　關東下知狀

相馬孫四郎胤實與同孫五郎重胤相論、□（阿カ）蓮遺領下總國相馬御厨内益（增）尾村、陸奥□

小高村并盤崎村内釘野事、

右、及相論之間、擬有其沙汰之處、今月十日□如彼狀等者、重胤亡父彦次郎師胤弟孫

弘安八年六月五日阿蓮譲状は四號文書

四郎□五郎胤門等、帯弘安八年六月五日阿蓮譲状□處、師胤・〻門死去之後、去〻年始天胤實代官忠□致訴訟之間、重胤雖進陳狀、於阿蓮譲状等□書之由、令存知之間止相論、互任彼狀等可知行□云云者、早守彼狀、向後無違亂、相互可致沙汰之□仰下知如件、

正安二年四月廿三日

陸奥守平（北條宣時）□

相模守平（北條貞時）朝□

（押紙）
執權 奥州宣時 相州貞時

一二　相馬重胤申狀案

重胤長崎思元が行方郡高村田在家三分一を押領することを訴ふ

（端書）（孫カ）「□五郎元亨元十二十七言上」

（相馬孫カ）□五郎重胤謹言上、

□被停止長崎三郎左衛門入道思元押領、任御下知狀等□敗陸奥國行方郡高村自高河北田在家三分壹事、

□御下知狀等案

六號文書參照

胤門死去の時伯父胤氏押領す

一〇號文書參照

重胤胤門女子彦犬と相論す

長崎思元師胤分領三分一を拜領す

結城宗廣重胤下總國相馬郡に居住す

□爲祖父相馬五郎左衛門尉胤村未分跡〔處脱カ〕、去永仁二年□日養父相馬彦五郎胤門預御配分畢、胤門死去之刻、讓與□伯父同次郎左衛門尉胤氏押領之間、就訴申、永仁五年□預御下知訖、而胤門女子字彦犬與重胤致相論、嘉元〻年十二□賜和與御下知、當知行于今無相違、爰思元就令拜領相□衛門尉師胤分領三分一、御使岩城二郎・結城上野前司〔宗廣〕□所、今年元亨元十月打渡之刻、重胤以下總國相馬郡居住、□等令引汲思元、以彼高村自高河北田在家三分一分付于思元之、□所行也、然早被召決、被停止非分押領、任御下知狀等旨、爲□敗、恐〻言上如件、

〔奥書〕「元亨元十二十七賦上之被賦一書　奉行人壹岐前司政有五大堂」

頭人赤橋武藏守殿守時

一三　關東御教書

一二號文書參照

重胤の訴へについて長崎思元に出頭を命ず

相馬孫五郎重胤申、陸奥□村田在家事、訴狀如此、早□可被參對之狀、依仰執達如〔件〕□、

元亨二年閏五月四日　武藏守〔赤橋守時〕□

〔押紙〕赤橋武藏守守時

長崎三郎左衛門（思元）入道殿

行方郡北田村長崎思元の訴へについて重胤に参上を命ず

一四　關東御教書

長崎三郎左衛門入道思元申、陸奥國行方郡北田村事、訴状如此、早企參上、可被明申之狀、
依仰執達如件、

元亨二年七月四日　　　沙彌（花押）

小高孫五郎（相馬重胤）殿

長崎思元代良信行方郡北田村について重胤の押妨狼藉を訴ふ
師胤の所領三分一は罪科によつて收公され長崎思元拜領す
結城宗廣岩崎次郎打ち渡す

一五　長崎思元代良信申狀

□入道思元代良信謹言上、
□小高孫五郎重胤、任傍例被行苅田押妨狼籍（マヽ）□任員數被糺返、奥州行方郡内北田村等事、
□郎左衛門尉師胤所領三分一者、依罪科被收公之□十二月十七日思元所拜領也、
仍同月廿五日仰□司宗廣（結城）・岩城次郎今者出家、守御下文可打渡之由、自□（新カ）右近入道

重胤數多の人勢をもつて押入り押妨狼藉を働く
年未詳なれども内容からみて元亨二年のもの

聖遠奉行、被成御教書之間、師胤□、爰重胤任雅意、去年元亨元十月以數多人勢押入□
□作毛、追捕民屋、致押妨狼籍（マヽ）之條、希代之所行也、□炳誡者、遠所奸謀之狼籍（マヽ）不可
斷絶、所務之煩、爭無□、所詮急速被經御沙汰、於抑留物者、任員數被□狼籍（マヽ）之
咎者、任傍例爲被處罪科、仍恐々言上□（如件カ）、　　（花押）

一六　地頭代超圓着到狀

七草木村地頭藤原氏代超圓御方に馳せ參ず

（證判）「左少將（花押）」

陸奧國田村三川前司入道宗猷女子七草木村地頭藤原氏代備前房超圓、今月二日令馳參御方
候、於向後者可致軍忠候、以此旨可有御披露候、恐惶謹言、

元弘三年六月五日　　地頭代超圓

進上　御奉行所

一七　後醍醐天皇綸旨

（別紙）
桓武天皇王子葛原親王十七代後胤、相馬孫五郎重胤領下總・陸奥兩國之内、元亨三年四月從總州轉於奥州行方郡居館、元弘三年七月賜後醍醐天皇知行之　綸旨、左少辨葉室式部少輔長光奉之、

重胤の當知行地を安堵す

相馬孫五郎重胤當知行地、被聞食畢者、天氣如此、悉之、以狀、

元弘三年七月十七日

式部少輔（花押）

一八　後醍醐天皇綸旨

（別紙）
相馬孫五郎重胤妻、奥州三春前領主田村參河前司入道宗猷女子、實藤原氏女父姓名、未考知父沒後母嫁宗猷、故實父領知伊達・

信夫・安達郡之内、于重胤賜之 綸旨如左、

藤原氏女の當知行地を安堵す

參川前司入道宗猷女子藤原氏女當知行地事、被聞食了者、

天氣如此、悉之、以狀、

元弘三年七月月（マヽ）十七日　　左少辨（花押）

一九　官宣旨案

（別紙）
後醍醐天皇宣旨
北條相模守高時入道崇鑑被誅、其黨類之外、當時知行七道諸國無違失之旨、萬里小路藤原朝臣宣房卿奉之、宣行、
葉室左少辨

左辨官下　陸奥國

朝敵與同の輩以外の當時知行地を安堵す

應除高時(北條)法師黨類以下朝□輩當時知行地、不可有依□、

右、大納言藤原朝臣宣房(萬里小路)宣、奉□民庶未安堵、仍降　絲綸被救□繁施行有煩、加之諸國之輩□上、徒妨農業之條、遐〔還〕背撫民之□闇此法也、然而除高時法師黨類□輩之外、當時知行之地、不可有依□七道諸國、勿敢違失、但於臨時□國宜承知、依　宣行之、

元弘三年七月廿六日　□

少辨藤原朝臣

二〇　相馬重胤代親胤申狀

(別紙)

後村上天皇國宣

相馬孫五郎重胤嫡子孫次郎親胤、陸奥國知行之內一族相馬彥五郎胤門配分、胤門卒去之後、榛崎・鳩原兩村、胤門後家一期計可致知行之旨言上、

北畠顯家外題を與ふ

重胤代親胤所領を安堵されん事を申請す

陸奥國□村耳谷村目々須澤村堤谷村高村釘野等

盤崎鳩原兩村は胤門後家一期の後知行すべし

其後者親胤領掌　國宣、

（外題）
「任　宣旨狀、早可令領□
（北畠顯家）（花押）　　十二月廿二□（日）」

相馬孫五郎重胤代親胤謹言上、

欲早給安堵　國宣、備後代龜鏡、陸奥□村・耳谷村・目々須澤村・堤谷村・高村・□同田畠在家、針（釘）野田畠在家狩倉□等事、

右村々者、爲重胤重代相傳地、知行無相□日給安堵　綸旨訖、但於榛（盤）崎・鳩原兩□相馬彦五郎胤門後家一期之後、可知行□國宣、爲備後證、恐々言上如件、

元弘三年十二月　日

二一　陸奥國宣

（別紙）
後村上天皇國宣

相馬孫五郎重胤、行方郡可令奉行之旨、右近將監奉之、

重胤に行方郡を奉行せしむ

清高稱號未考知、

（花押）（北畠顯家）

行方郡事、可令奉行條々、載事書被遣之、得其意可被申沙汰者、國宣如此、仍執達如件、

建武二年六月三日　　右近將監清高奉

相馬孫五郎（重胤）殿

二二　陸奥國宣

伊具亘理宇多行方諸郡及び金原保を重胤に檢斷せしむ
武石上總權介胤顯

（別紙）
後村上天皇御證文
奥州檢斷職、日理（亘）領主武石上總介胤顯相共可致沙汰之旨、清高奉之、

（花押）（北畠顯家）

伊具・曰理（亘）・宇多・行方等郡、金原保檢斷事、事書遣之、早武石上總權介胤顯相共守彼狀可致沙汰者、國宣如此、仍執達如件、

建武二年六月三日　　右近將監清高奉

相馬孫五郎《（重胤）》殿

二三　相馬重胤譲状

重胤嫡子親胤に所領を譲り渡す
行方郡小高高目々澤堤谷小山田堰澤
相馬郡増尾村給分の田在家等を除くの外は嫡子親胤知行すべし
御公事は先例の如くたるべし
親胤に子なくば光胤知行すべし
光胤に子なくば親胤知行すべし

重胤かしそく《（子息）》次郎《（親胤）》ニ譲渡そりやう《（所領）》の事、
陸奥國行方郡の内
おたか《（小高）》・たか《（高）》・めゝさわ《（目々澤）》・つゝミかや《（堤谷）》はまともに・こやまた《（小山田）》・せきのさわ《（堰澤）》、
下總國相馬郡の内
ますを《（増尾）》の村、この村ゝのうち、ますをの村に彦四郎の給分の田在家一けん、いやけんし入道か田在家一けんこれをのそく《（除）》、おたかに九郎左衞門尉の給分の田在家一けん、矢河原の後家尼の田在家一けん、彦三郎入道の居内の田在家一けんのそく《（除）》、つゝミかやにとう三郎か田在家一けん、たかにたかの藏人の後家尼の田在家一けん、もんまの孫四郎の居内の田在家一けん、さうきやう房か田在家一けんのそく《（除）》、このほかハちやくし次郎《（親胤）》知行すへし、御公事ハ先例のことくたるへし、二郎《（親胤）》子なくしてあとたえぬ《（跡絶）》へくハ、二郎か跡をも松犬《（光胤）》知行すへし、又松犬子なくして跡たえぬへくハ、松犬か跡をも二郎ちきやうすへし、いつれ

不孝仁の跡は男女子次第に分知行すべし子なき女子分は嫡子進退たるべし盤崎鳩原は後家一期の後重胤知行しその跡は親胤が盤崎を知行すべし

の子なりとも、此状をそむ《背》きて違亂をいたさハ、不孝たるへし、その跡においてハ、男女子したい《次第》ニおつ《追》てわけちきやう《分知行》すへし、又女子のなかに子なからんふんハ、ちやくししん《嫡子進》たい《退》たるへし、

一、盤崎の後家尼御前の御りやう、はんのさき《盤崎》・はとハら《鳩原》においてハ、胤門の譲状のことくハ、後家一こ《期》の後ハ重胤知行すへき處也、しかれハこの跡は《ん脱カ》のさきの村ハ、おなしく次郎《親胤》知行すへし、仍ゆつり状如件、

建武二年十一月廿日　　　　平重胤（花押）

前號文書の案文

二四　相馬重胤譲状案

重胤かしそく《子息》孫次郎譲渡所領の事、

陸奥國行方郡の內

おたか・たか・めゝさハ・つゝミかやはまともに・せきのさハ、

下總國相馬郡內

ますをの村、この村の內彦四郎の給分田在家一けん、いやけんし入道か田在家一けんこれ

おのそく《除》、行方郡おたかの村内九郎左衛門尉の給分の田在家一けん、たかの村の内もんまの孫四郎か居内の田在家一けん、さうきやうはう《房》か田在家一けん、たかの藏人の後家尼の田在家一けんのそく《除》、此ほかハちやくし《嫡子》次郎知行すへし、御公事ハ先例のことくたるへし、次郎子なくして跡たへぬへくハ、松犬知行すへし、また松犬子なくして跡たへぬへくハ、この跡おも次郎知行すへし、いつれの子なりとも、此狀おそむき《背》ていらん《違亂》おいたさハ、不孝たるへし、その跡においてハ、男女子したい《次第》におつて《追》わけちきやう《分知行》すへし、又女子のなかに子なからんふんハ、ちやくし《嫡子》しんたい《進退》たるへし、仍讓狀如件、

建武二年十一月廿日　平重胤

二五　相馬重胤讓狀

重胤子息光胤に所領を讓り渡す
行方郡耳谷村上濱釘野田在家狩倉等

重胤かしそく《子息》松犬《光胤》ニ讓渡そりやう《所領》の事、
陸奥國行方郡内
ミゝかや《耳谷》・むらかミ《村上》のはま《濱》・くきの《釘野》ゝ田在家やまかりくら《狩倉》、かくまさハのいよ房かやしき田在家、孫四郎の給分せきねのやしき田在家、おたかの矢河原後家尼の田在家一けん、彦

相馬郡粟野村
薩間村
御公事は先例の如くたるべし
光胤に子なくば親胤知行すべし
親胤に子なくば光胤知行すべし
不孝仁の跡は男女子次第に分知行すべし
鳩原は後家一期の後重胤知行しその跡は光胤知行すべし

三郎入道か居内の田在家、下總國相馬郡内あハの《(粟野)》・さつまの《(薩間)》村これをゆつる、この内ニさつまに山ふしうちの田在家一けん、かれをのそく《(除)》、このほかハ譲のことく知行すへし、御公事ハ先例のことくたるへし、松犬《(光胤)》子なくして跡たえぬ《(絶)》へくハ、次郎《(親胤)》その跡をハちきやう《(知行)》すへし、又次郎子なくして跡たえぬ《(絶)》へくハ、松犬ちきやう《(知行)》すへし、いつれの子なりともいらん《(違乱)》をいたさハ、ふけう《(不孝)》たるへし、その跡をハ、男女子したい《(次第)》をおんて《(マヽ)》わけちきやう《(分知行)》すへし、
一、盤崎の後家尼御せん《(前)》の御りやう、はとはら《(鳩原)》のむらにおいてハ、たねかと《(胤門)》のゆつりのことく、彼後家尼御せん《(前)》一こ《(期)》ゆつるなり、こけ《(後家)》一こ《(期)》のゝちハ重胤知行すへき處也、しかれハはとハら《(鳩原)》のむらをハ、おなしく松犬知行すへき也、仍譲状如件、

建武二年十一月廿日　平重胤(花押)

二六　相馬重胤譲状

重胤次男光胤に所領を譲り渡す

譲渡　所領事、
次男彌次郎光胤分
一、下總國相馬郡内

相馬文書

相馬郡粟野村

行方郡耳谷村

小高村内田在家及び盤崎村内釘野在家山を永代知行すべし

粟野村
一、陸奥國行方郡内
耳谷村
右村々者、限永代讓渡彌次郎光胤畢、但此外、奥州小高村内矢河原十郎後家尼田在家一宇・彦三郎入道田在家一宇・盤崎村内釘野在家并山、永代可令知行、仍讓狀如件、

建武三年二月五日　平重胤（花押）

二七　相馬重胤定書

小高堀内に城郭を構ふ

御敵たる一族御家人等を御方に取るべし

城内兵粮米を給主代に沙汰致すべし

於國可楯築事書目六

定

一、奥州行方郡内小高堀内構城墎、并□凶徒等可令對〔退〕治之也、

一、成御敵一族等并七郡御家人等事、相□助之廻方便、可取御方之也、

一、城内兵粮米事、須江九郎左衛門尉□貳佰石有之、可入彼米也、其外一族等并□分村々、仰給主代可致其沙汰、然者員數□、

京鎌倉の御方劣軍と聞き及ぶ
各々二心あるべからず
軍忠致さば注進すべし

一、京・鎌倉御方雖聞及劣軍之、各〻□不可有二心、爰有二心於一族等、任連御□文之詞可討取者也、合戰習雖弱一旦之□終期者歟、加之遠國間、敵等構虛言、可得心□捨一命各〻恥家疵、可欲揚弓箭名後代者□、

一、致軍忠於一族他人者、分明可申注進、輕賞□勇見聞輩故也、仍大略如此、

右、目錄狀如件、

建武三年二月十八日　　平重胤（花押カ）

相馬彌次郎（光胤）殿

二八　相馬光胤着到狀

光胤小高城着到を注進す
重胤斯波家長に屬し鎌倉に責め上り合戰す

相馬彌次郎光胤申、

右、奉屬大將　斯波（家長）殿御手親父重胤間、爲□責上鎌倉、致度〻合戰忠之處、任　斯波殿□書幷親父重胤事書、今月八日令下國、成□族等押寄楯、令對治（退）候畢、仍小高城□□等着到次第、不同

相馬九郎胤國　　同子息九郎五郎胤□

同與一胤房
同五郎顯胤
相馬六郎長胤
相馬十郎胤俊
相馬孫次郎綱胤
同四郎良胤
新田左馬亮(マヽ)經政
同又五郎胤泰
相馬孫六郎盛胤
相馬小次郎胤顯
相馬孫次郎胤義
相馬孫五郎長胤
相馬孫七郎胤廣
相馬滿丸
相馬小五郎永胤

相馬七郎時胤
相馬孫次郎行□
同七郎胤眷(マヽ)
同五郎泰胤
相馬小次郎胤□
同小四郎□〔胤時カ〕
相馬五郎胤經
同彌六胤□〔政カ〕
相馬孫九郎胤通
同孫四郎胤家
同小次郎胤盛
相馬又五郎朝胤
相馬九郎二郎胤直
相馬千代
相馬辨房圓意

相馬彦二郎胤祐　　相馬彌次郎實□
相馬又七胤貞　　相馬小四郎胤繼
武石五郎胤通　　伊達與一高景
同與三光義　　相馬禪師房□
相馬道雲房胤範　　標葉孫三郎教隆
長江與一景高女子代延田三郎光頼　　相馬松王丸
相馬助房家人
青田孫左衛門尉祐胤
右、着到如件、

惣領代光胤

建武三年三月三日　　惣領代子息彌次郎(光胤)
進上　御奉行所　　(證判)「承了、(氏家道誠)(花押)」

二九　相馬光胤軍忠狀

(押紙)
白川上野入道者結城入道之忠事於伊勢國病死、墮地獄云々、

光胤軍忠を注進す
結城宗廣の家人等宇多庄熊野堂に楯を築く

相馬彌次郎光胤申軍忠事、
右、白川上野入道(結城宗廣)家人等、宇多庄熊野堂楯築間、今月十六日馳向彼所、致合戰分取手負事、

相馬九郎五郎胤景分取二人　須江八郎分取一人白川上野入道家人六郎左衛門入道頭二
相馬小次郎胤顕生補（捕）二人白川上野入道家人小山田八郎同人中間四郎六郎
相馬小二郎家人木幡三郎兵衛尉分取一人　相馬彦二郎胤祐分取一人
新田左馬亮（マヽ）經政代田嶋小四郎分取一人　標葉孫三郎教隆分取一人
相馬助房家人東條七郎衛門尉分取一人被疵畢　木幡二郎討死畢
右、此外雖有數輩切捨略之畢、仍追散敵對治（退）畢、
建武三年三月十七日　物領代子息彌次郎光胤
進上　御奉行所
「承了、（證判）（花押）（氏家道誠）」

物領代光胤

三〇　相馬光胤軍忠狀

光胤軍忠を注進す
廣橋經泰大將として小高城に寄來る

相馬彌次郎光胤申軍忠事、
右、今月廿二日爲廣橋（經泰）大將寄來小高城御敵等事、
相馬小次郎胤盛家人出帳（張）分取一人　物領家人石町又太郎標葉打取□□

相馬小次郎胤顯 敵一人打取畢
相馬孫二郎家人小嶋田五郎太郎 頭□□
相馬孫五郎長胤家人 三郎二郎打死畢
相馬五郎胤經家人 大畠彥太□被疵畢
相馬九郎胤國中間 五郎太郎打死畢
相馬彌二郎實胤中間 九郎太郎被疵畢
相馬五郎胤經家人 増尾十郎被疵畢
相馬四郎良胤家人 三郎太郎被疵畢
惣領家人須江八郎中間 被疵畢
相馬助房家人青田新左衛門尉 被疵畢

右、如此合戰之間、同廿四日追散敵畢、然除矢戰并殘手疵畢、仍欲捧注進狀處、爲尻攻御內侍所大泉平九郎後馳來、以次、

標葉庄合戰

標葉庄爲〔退〕對治合戰次第 今月廿七日

相馬九郎五郎胤景 標葉孫四郎打取畢
相馬孫次郎行胤生補〔捕〕二人 標葉彌九郎孫十郎
相馬小次郎胤盛生補〔捕〕二人 標葉三郎四郎、長田孫四郎 胤盛自身被疵畢
相馬小次郎家人生補〔捕〕一人 落合彌八郎
田信彥太郎生補〔捕〕一人 標葉孫七郎
武石左衛門五郎胤通 酒田孫五郎打取畢
相馬助房家人渡野部六郎兵衛尉 □一人
惣領家人木幡三郎左衛門尉 分取一人
相馬六郎長胤 被疵畢
相馬九郎二郎胤直 被疵畢
相馬五郎胤綱家人 被疵畢

右、此合戰次第、侍所大泉平九郎被實檢畢、然早爲御判、注進狀如件、

侍所大泉平九郎實檢す

惣領代光胤

建武三年三月廿八日　　　　惣領代子息彌次郎光胤

進上　御奉行所

「承了、（證判）（花押）（氏家道誠）」

行方郡內闕所及び相馬又六跡の高木保を重胤に預け置く

三一　斯波家長奉書

陸奥國行方郡內闕所幷同國相馬又六跡高木保內事、將軍□（押紙）將軍足利尊氏 計之程、暫所被預置也、配分一族可被所務之由候也、仍執達如件、

建武三年四月十一日　　　　源（斯波家長）（花押）

相馬孫五郎（重胤）殿

（押紙）以上重胤之證也

相馬六郎左衛門尉に吹擧さる

三二　北畠顯家官途吹擧狀

（北畠顯家）（花押）

被任左衛門尉之由、可被擧申京都也、且可存其旨之由、　鎭守大將軍仰所候也、仍執達如件、

延元々年四月廿六日　　軍監有實奉

相馬六郎殿

光胤軍忠を注進す
宇多庄熊野堂合戦
若黨等討死す

三三　相馬光胤軍忠状

相馬彌次郎光胤申、

今月六日於宇多庄熊野堂致合戰、若黨五十嵐彌四郎入道・田信乘阿・同子息左衛門三郎討死仕了、同七日自小高城差遣軍勢致合戰、御敵十三人切懸了、爲後證可賜御證判候、仍注進如件、

建武三年五月九日　　平光胤上

進上　御奉行所　　（證判）「承候訖、（氏家道誠）（花押）」

（押紙）至爰光胤之證

光胤養子胤頼に所領を譲り渡す

三四　相馬光胤讓狀

讓渡、

相馬郡粟野村
行方郡耳谷村
小高村盤崎村
田村庄新田村
内七草木村
親父重胤鎌倉
で自害の由承
り及ぶ
舎兄親胤上洛
の後音信不通
甥の胤頼を養
子とす

下總國相馬郡内粟野村、陸奥國行方郡内耳谷村・小高村内矢河原十郎後家尼給分田在家、彦三郎入道給分田在家・盤崎村
内釘野在家、弁山、同國田村庄新田村内七草木村事、
右、親父重胤讓幷母儀讓狀、安堵御下文等相副之、養子松鶴丸(胤頼)に讓渡畢、重胤鎌倉にて自
害之由承及之、舎兄親胤上洛之後音信不通也、光胤又存命不定之間、松鶴爲甥之上、依有
志、養子として所讓與也、公私不遂本望者、僧になりて各の後生を可訪也、仍讓狀如件、

建武三年五月廿日　平光胤（花押）

闕所地を親胤
に沙汰せしむ
相馬郡鷲谷村
津々戸藤谷村
大鹿高井高柳
村

三五　斯波家長奉書

（押紙）
此村々名、各北相馬之内也、此人々胤繼之末族歟、當家一類無此名、

下總國相馬郡内鷲谷村□・津々戸相馬六郎跡□・藤谷村相馬六九郎等跡□・大鹿□□・高井□□・高柳村
等事、爲闕所由被聞食之間、將軍家御計程、□(所カ)也、可被致沙汰狀、依仰執達如件、

（押紙）
將軍尊氏

建武三年十一月廿二日　源(斯波家長)（花押）

相馬孫次郎(親胤)殿

（押紙）
源判、左馬頭義詮尊氏嫡男御判也、
高野山法勝院ニ有類判、

北畠顯家靈山城に籠る熊野堂に發向し軍忠を致すは神妙
相馬惣領胤頼

三六　氏家道誠軍勢催促状

先國司（北畠顯家）被籠靈山城之間、令發向東海道熊野堂、被致軍忠之條、尤神妙也、同爲（カ）武野路手可被致合戰、重有軍忠者、可有抽賞也、仍執達如件、

建武四年正月廿七日　　沙彌（氏家道誠）（花押）

相馬惣領松鶴（胤頼）殿

胤頼宇多庄熊野堂に着到し軍忠を注進す

三七　相馬胤頼着到状

建武四年正月廿六日於東海道宇□（多カ）庄熊野堂着到事、

相馬松鶴（胤頼）丸　同九郎入道了胤　同□
江井御房丸　同小次郎胤盛
同彌五郎胤仲　同彌次郎實胤
同孫二郎綱胤　同七郎入道子五郎顯胤
同小四郎胤時　同五郎康胤　同又一胤貞

祖父重胤鎌倉法華堂で自害す
親父親胤上洛す
伯父光胤小高城合戰で討死す
胤頼以下一族山林に隱居す
宇多庄熊野堂合戰

同□（小）次郎胤政　同岡田駒一丸　同千與丸
同岡田圭一丸　同孫六郎盛胤
同孫次郎入道行胤　同五郎胤經
武石五郎胤通
為御方馳參候、

右、去々年為國司誅伐、志和尾張彌三郎殿（斯波家長）府中御發向之時、松鶴祖父相馬孫五郎重胤發向于渡郡（亘理）河名宿、武石上總權介胤□賜、東海道打立關東馳參、去年□蜂起之時、致合戰忠節、結句國司下向□（之カ）時、於法花堂下自害、擧希代其家者也、親父□（孫）次郎親胤者、去々年千田大隅守相□（共向カ）于千葉楯、致合戰之處、俄將軍家京都御上洛之間、御具申至于今末（未）及下國、於伯父彌次郎者（親胤舍弟）、去年五月國司下向之時、東海道為小高楯致合戰、終以打死畢、其後松鶴以下一族等、隱居山林之處、幸此御合戰蜂起之間、松鶴雖幼少付着到之處、□（一カ）族等相催之、宇多庄打越、結城上野入道（宗廣）代中村六郎數萬騎楯籠當庄熊野堂之處、猶寄打散畢、為君祖父伯父非失命□京都奉公、松鶴又於御方致忠節上者、賜一見御判、彌追聳近郡、為後證備、粗着到目安言上如件、

建武四年正月　日

「承了、（證判）（花押）（氏家道誠）」

（押紙）鎌倉奉行證判

三八　氏家道誠奉書寫

子息左衛門五郎の軍忠により亘理郡坂本郷を武石道倫に安堵す

本文書は五一號文書と一紙に寫されたもの

武石四郎左衛門入道〻倫申、奥州曰〔亘〕理郡坂本郷事、至正和年知行云〻、而依子息左衛門五郎軍忠、云本領云恩賞、任先例可被知行之状、依仰執達如件、

建武四年二月六日　氏家道誠在判

武石四郎左衛門入道殿

三九　相馬親胤軍忠狀

親胤軍忠を注進す

常州關城御發向侍大將佐原三郎左衛門尉見知せしむ

相馬孫次郎親胤申合戰次第事、

右、於親胤者、爲　惣大將御宮□城令警固間、若黨目〻澤七郎藏人盛清以下差遣之、今月廿一日　同大將藏人殿常州關城御發向間、依手分馳渡絹〔鬼怒〕河上瀬中沼渡戸、追散數萬□御敵等、燒拂數百間在家等了、此段侍大將佐原三郎左衛門尉令見知上者、賜御判爲後證、恐〻目安如件、

建武三年二月廿二日

（證判）「承了、（石塔義房）（花押）」

（押紙）石塔入道判

四〇　相馬胤時軍忠状

胤時軍忠を注進す

靈山合戰

小高城に楯籠り合戰す

相馬小四郎胤時申軍忠□（次第事カ）、

右、胤時於靈山藏人殿奥州御發向間、馳參三箱□到於靈山搦手、屬東海道大將惣領□□同日羽鳥小太郎楯□（籠カ）合戰致忠、同二日標葉小丸□人令剪捨處、行方郡小高城惣領□楯籠處、同九日□來間、依責戰敵一人射留了、同十日合戰抽□戰剪捨一人、同十二日夜出張合戰致忠了、然□備龜鏡、仍一見状如件、

建武四年卯月　日

（證判）「承□（了）、□（花押カ）」

四一　相馬胤時軍忠状

（前闕）

「山搦手東海道數ヶ度合戰次第□、

一、四月一日建武四、於楢葉郡八里原合戰□羽鳥太郎楯追落畢、

一、同二日、標葉庄小丸城口羽尾□合戰之時、懸先陳（陣）御敵一人切捨了、

一、同九日、於行方郡小高城、凶徒寄來之時、胤時致散々合戰、御敵一人射留了、

一、同五月十日、於標葉立野原合戰、懸先陳（陣）被疵□、十七日、小丸城合戰之時、致軍忠畢、

右、條々合戰次第、支證分明之上者、賜御判爲備後證龜鏡狀如件、

建武四年五月　日

（證判）「承了、（花押）」

楢葉郡八里原合戰

標葉庄小丸城合戰

小高城合戰

標葉立野原合戰

小丸城合戰

四一　相馬胤平軍忠狀

合戰目安一

相馬六郎左衛門尉胤平申合戰事、

右、陸奥國高野郡内矢築（八槻）宿仁天、去年建武三十二月廿三日夜、御敵數千騎押寄之處仁、捨于身命令塞戰之處仁、幡差平七助久小耳尾被射拔畢、同廿六日當國行方郡高平村内寛徳寺打越、

胤平軍忠を注進す

高野郡矢築（八槻）宿の合戰

行方郡高平村寛徳寺に城館を構ふ

信夫庄に打入りて凶徒餘類を退治す
信夫庄荒井城合戰
行方郡小高城合戰
菊田庄三箱湯本堀坂口の合戰
常陸國小田兵衞佐館等を追落す
那須城合戰
胤平左肩を射拔かる
石河庄松山城の合戰
久慈東小里郷の合戰

舍弟八郎衞門尉家胤・同九郎兵衞尉胤門幷次郎兵衞尉胤景・同又次郎胤時・同彦次郎胤祛〔祐カ〕・同孫五郎親胤相共構城館、於御方館築候之處仁、當年建武四三月八日爲凶徒對〔退〕治、自伊達郡靈山館、於廣橋修理亮經泰大將軍小手保河俣城被相向候之由、有其聞之間、同十一日馳向之處仁、先立于御敵成于降人參之間、同十三日信夫庄打入天、對〔退〕治凶徒餘類、同十五日同庄荒井城押寄、致合戰之忠、捨身命令相戰之間、御敵降人仁出來候訖、同廿三日行方郡小鷹〔高〕館責寄、不惜身命塞戰之間、中間彦四郎家守蒙疵候畢、此段被見知候訖、同廿四日凶徒成于降人令參候訖、同年四月六日菊田庄三箱湯本堀坂口石河凶徒等、引率多勢押寄之間、捨于身命、一族相共懸先令戰之間、御敵迯〔追〕散候訖、同月九日常陸國小田兵衞介〔マヽ〕館籠于御敵、同越中入道館・同田中城幷北條城幷村田館・同小栗城馳向、於凶徒者、迯〔追〕落城館令對〔退〕治候畢、同月廿四日御下向之由承及候之間、宇都宮馳參候、同五月一日足利爲凶徒對〔退〕治馳向天、御敵迯〔追〕落候畢、同月八日名〔那〕須城自搦手押寄、捨于身命、令戰之間、下館迯〔追〕落、致合戰忠節之處仁、同十日胤平左肩被射拔候訖、此段被御疵見候畢、同月廿二日田村館、同廿三日不輕堂城、一族相副天軍勢差向候畢、又爲凶徒小河松山誅戮可發向之由、重被仰下之間、同年八月五日石河庄松山城自搦手押寄、懸先捨于身命、令相戰之處仁、御敵成于降人罷出候畢、同月廿二日佐竹・石河凶徒等、引率多勢相向之間、久慈東小里郷內自西山手一

郎従橘内新兵衛尉光胤二階堂五郎の頸を取る

族相共馳向天、捨于身命、令合戰之間、郎從橘内新兵衛尉光胤懸先、二階堂五郎打留頸取
候畢、此段門時被御見知候畢、彼此度々合戰令忠節候之上者、爲賜御判、合戰目安之狀如
件、

本文書内容からみれば延元二年（建武四年）のものならん

延元々（マヽ）年八月廿六日

「（證判）檢知了、（廣橋經泰）（花押）」

四三　石塔義房軍勢催促狀

胤平軍勢催促を受く

凶徒對（退）治事、早相催一族參御方、可被抽軍忠之狀如件、

曆應元年十一月十日　沙彌（石塔義房）（花押）

相馬六郎左（胤平）衛門尉殿

四四　氏家道誠注進狀案

（端裏書）「雜正文」

氏家道誠胤頼の軍忠を注進す

祖父重胤斯波家長に屬し鎌倉で殞命す

養父光胤小高に要害を構ふ

宇多庄熊野堂で凶徒を退治す

北畠顯家小高城を攻撃す

光胤及び一族の長胤胤治成胤討死す

熊野堂城で凶徒を退治す

斯波兼頼年少のため代官氏家道誠判形を加ふ

氏家十郎入道注進狀案　暦應二三廿六四」

注進

相馬松鶴丸(胤頼)軍忠事、

右、彼祖父相馬孫五郎重胤、屬陸奥守(斯波)家長於鎌倉殞命由、證判狀所見也、養父彌次郎光胤、屬(斯波)兼頼向奥州東海道討手、同國小高郷構要害、建武三年三月十六日、率一族等馳向同國宇多庄熊野堂、令對(退)治凶徒、同月廿二日、同廿四日、同廿七日、同五月六日・七日合戰雖勵忠戰、同廿四日當國前國司(北畠)顯家卿下向之刻、以大勢被攻小高城之間、光胤幷一族相馬六郎長胤・同七郎胤沼(治)・同四郎成胤令討死訖、其後松鶴丸又率一族、同四年正月廿六日重馳向熊野堂城、令對(退)治凶徒訖、凡所々合戰一族郎從等殞命被疵、前懸分捕以下戰功之條、注文別帋進覽之、爰奥州合戰事、先日粗雖捧注進、相漏之輩追所令言上也、將又正員式部大夫兼頼年少之間、代官氏家十郎入道々誠所令加判形候也、此條若僞申候者、八幡大菩薩御罰可罷蒙候、以此旨可有御披露候、恐惶謹言、

暦應二年三月廿日　沙彌道誠上

進上　御奉行所

四五　相馬胤頼軍忠状案

胤頼養父光胤等の軍忠を注進す

宇多庄熊野堂合戰

注進

松（相）馬松鶴（胤頼）丸申養父相馬彌次郎光胤討死以下軍忠事、

一、建武三年三月十六日、陸奥國東海道宇多庄熊野堂合戰事、

相馬彌次郎光胤家人須江八郎分取一人 白川上野入道（結城宗廣）家人六郎左衛門入道□

同人家人木幡次郎討死、

相馬九郎五郎胤景分取二人　相馬小次郎胤顯主（生）捕二人 白川上野入道家人小山田八郎 同人中間四郎三郎

相馬小次郎家人木幡三郎兵衛尉分取一人

相馬彥次郎胤祐分取一人

廣橋經泰以下の凶徒等小高城に寄せ來る

一、同年三月廿二日、廣橋修理亮（經泰）以下凶徒等、寄來小高城致□之時、追散御敵討取凶徒等事、

相馬彌次郎光胤家人石町又太郎討取御敵標葉蒔田十郎□

相馬小次郎胤盛分取一人　相馬小次郎胤顯御敵一人討取□人

相馬孫次郎行胤家人小嶋田五郎太郎被討取了　相馬孫五郎長胤家人三郎太郎討死
相馬五郎胤經家人大畠彦太郎被疵　相馬九郎胤國中間五郎太郎討死
相馬彌次郎實胤中間九郎太郎被疵　相馬五郎胤經家人増尾十郎被疵

大泉平九郎と共に標葉庄凶徒を退治す

一、同月廿七日、大泉平九郎相共、標葉庄凶徒對〔退〕治事、
相馬彌次郎光胤家人田信彦太郎主〔生〕捕一人標葉孫七郎
相馬九郎五郎胤景討取標葉孫四郎了
相馬孫次郎行胤主〔生〕捕二人標葉彌九郎　同孫十郎
相馬小次郎胤盛主〔生〕捕二人自身被疵標葉三郎四郎　長田孫四郎
相馬小次郎胤顯主〔生〕捕一人落合彌八
相馬彌次郎光胤家人田信彦太郎主〔生〕捕一人標葉孫□郎
相馬六郎長胤被疵畢
相馬彌次郎光胤家人木幡三郎左衛門尉分取一人

宇多庄熊野堂合戰

一、同年五月六日、宇多庄熊野堂合戰事、
相馬彌次郎光胤家人五十嵐彌四郎入道　田信乘阿　同子息左衛門三郎等討死

同所合戰

一、同七日、同所合戰事、

北畠顕家小高城を攻撃す

光胤長胤胤治成胤胤俊討死す

若黨等討死す

胤頼宇多庄熊野堂を攻撃す

相馬彌次郎光胤差遣家人等、討取御敵十三人畢、

一、同五月廿四日、顯家卿(北畠)攻小高城之時、相馬一族以下討死事、

相馬彌次郎光胤討死　相馬六郎長胤同

相馬七郎胤沼(治)同　相馬四郎成胤同

相馬十郎胤俊同

一、若黨討死事、

田信彦太郎　光胤家人

吉武彌次郎　胤俊家人

田中八郎三郎長胤家人

松本四郎　光胤家人

一、建武四年正月廿六日、松鶴丸引率一族、押寄宇多庄熊野堂致合戰事、

右、粗注進如件、

曆應二年三月　日

四六　石塔義房軍勢催促状

白河城凶徒蜂起の風聞あり

白河城凶徒可蜂起之由有其聞、早相□〔催カ〕相馬□〔出羽カ〕權守親胤、可被誅伐□如件、

暦應三年正月廿五日　　沙彌〔石塔義房〕（花押）

佐竹人〻中

四七　石塔義房軍勢催促状

澁江凶徒等松嶋攻撃の風聞あり

澁江凶徒等可寄來松嶋之由有其聞、相催在郷之相馬一族等、佐脇孫二郎相共、於一所可被致軍忠也、若有對捍之輩者、可被處于罪科之狀如件、

暦應三年七月廿三日　　沙彌〔石塔義房〕（花押）

相馬出羽〔親胤〕權守殿代

四八　石塔義房軍勢催促状

奥州凶徒小田城の後攻を致さんと擬す三迫に發向し連日合戰に及ぶ親胤度々の催促に背き遅參す承引なくば咎を京都に注進すべし

奥州凶徒擬致小田（常陸國小田城）之後攻節、自奥方蜂起之間、去月四日令發向三迫（陸奥國栗原郡）、連日所及合戰也、而背度〻催促、遅參之條甚無謂、所詮不廻時日馳下三迫、可被致軍忠、若無承引者、可有其咎之旨、可注進京都也、且岩城・岩崎・標葉・楢葉・菊田軍勢等、同可馳下候、子細可被加催促之狀如件、

暦應四年十一月六日　沙彌（石塔義房）（花押）

相馬出羽權守（親胤）殿

四九　石塔義房軍勢催促狀

石塔義元白河凶徒等退治のため發向す京都御教書承引なくば咎を京都に注進すべし

左馬助義元（石塔）、爲對（退）治白河以下所〻之凶徒、今月中可發向也、早馳向可被致軍忠、且京都御教書如此、若無承引者、就義元注進、爲有其咎、可注申京都狀如件、

康永二年三月二日　沙彌（石塔義房）（花押）

相馬出羽權守（親胤）殿

凶徒誅伐

五〇　石塔義元軍勢催促状

爲誅伐凶徒、所發向也、相催分郡勢（軍脱カ）并一族等、來月五日以前、可被馳參之狀如件、

康永二年七月卅日　右馬助（マヽ）（花押）（石塔義元）

相馬出羽守（親胤）殿

亘理郡坂本郷半分及び長戸呂村を勲功賞として武石新左衛門尉に知行せしむ

鵲谷郷の替

本文書は三八號文書と一紙に寫されたもの

五一　石塔義房宛行狀寫

陸奥國曰（亘）理郡坂本郷半分并長戸呂村事、爲勳功賞、同郡鵲谷郷之替、任先例可被知行之狀如件、

康永二年八月三日　沙彌　石塔入道殿　在御判

武石新左衛門尉殿

五二　石塔義元軍勢催促狀

澁江凶徒誅伐

爲誅伐澁江凶徒、所發向也、早相催一族幷分郡軍勢、來月三日以前、可被馳參之狀如件、

康永二年八月廿一日　　　　左馬助（石塔義元）（花押）

相馬出羽守（親胤）殿

五三　石塔義元禁制

謀叛人

殺害人

夜討强盜山賊海賊

條々

一、謀叛人事、

一、殺害人事、

一、夜討・强盜・山賊・海賊事、

右、於實犯露顯輩者、究明之、可被注進之、就交名可處罪科之狀如件、

康永二年十月二日　　　　左馬助（石塔義元）（花押）

相馬出羽權守（親胤）殿

常州關大寶兩城の凶徒等没落分郡關所を警固すべし

五四　石塔義元軍勢催促狀

常州關・大寶兩城凶徒等、去十一・十二兩日没落云々、仍與類等可忍越于當國之由有其聞、早分郡關所事、可被致警固、於不審輩者、可被搦進、若又寄事於左右、令煩商人・旅人等、令違乱者、可有其咎之狀如件、

康永二年十一月十八日　左馬助(石塔義元)(花押)

相馬出羽權守(親胤)殿

宇津峯凶徒誅伐

五五　石塔義元軍勢催促狀

爲誅伐宇津峯凶徒、所可令發向也、相催親類一族等、來十七日以前、可被馳參、日限違期者、可有其沙汰之狀如件、

康永三年四月十二日　左馬助(石塔義元)(花押)

相馬出羽權守(親胤)殿

五六　石塔義元軍勢催促狀

宇津峯凶徒退治に先陣を勤むべし

爲對治〔退〕宇津峯凶徒、發向之間、於先陣可被勤仕之狀如件、

康永三年四月廿二日　　　　左馬助〔石塔義元〕（花押）

相馬出羽權守殿〔親胤〕

五七　石塔義元軍勢催促狀

伊達郡靈山以下の凶徒等伊達信夫兩郡に亂入す

伊達郡靈山以下凶徒等、令亂入伊達・信夫兩郡之由、注進到來候間、爲誅伐所令發向也、早相催一族親類等、不時日〔違脱カ〕可被馳參之狀如件、

康永三年八月廿日　　　　左馬助〔石塔義元〕（花押）

相馬出羽權守殿〔親胤〕

五八　石塔義元軍勢催促狀

凶徒與同の輩

依有其聞、凶徒與同之輩、所召軍勢也、早來十日以前、可被催進一族等、若日限違期者、可有其沙汰狀如件、

康永三年十二月二日　左馬助（石塔義元）（花押）

相馬出羽（親胤）權守殿

五九　吉良貞家催促狀

所々城郭退治談合のため參府せらるべし

所ゝ城郭對〔退〕治事、爲談合不日可被參府、若令違期者、可有其咎之狀如件、

貞和二年二月九日　修理權大夫（吉良貞家）（花押）

相馬出羽（親胤）權守殿

六〇　沙彌某等連署遵行狀

岩城郡平窪村の下地を木内胤有代に沙汰付く

陸奥國岩城郡內平窪村除長江左衞門尉當知行分事、早伊東五郎左衞門尉相共莅彼所、任今月十六日御敎書之旨、沙汰付下地於木內次郎左衞門尉胤有代、可被執進請取狀、使節更不可有緩怠儀之

由候也、仍執達如件、

貞和四年五月十九日

左衛門尉（花押）

□〔沙〕彌（花押）

相馬□

胤平行方郡高平村内知行分田畠半分を傍例に任せて安堵されん事を請ふ

胤平知行分田畠半分を給人に付せらる

去年靈山御發向の時老體病體のため子息左衛門二郎を代官として差進らす

石山國見御合戰に忠節を致す

親胤闕所を掠申す

六一　相馬胤平申状案

相馬六郎左衛門尉胤平謹言上、

欲早任舎弟九郎兵衛尉胤門幷一族吉名五郎兵衛尉胤遠其外輩傍例、蒙安堵御成敗、向後彌致忠節、行方郡高平村内胤平知行分田畠半分事、

右、於當村内胤平知行分田畠半分者、被付給人之間、去年靈山御發向之時、胤平者老躰病躰之間、子息左衛門二郎爲代官寂前令差進、放〔於〕石山國見御合戰致忠節畢、仍彼半分可預安堵御成敗之由令申之處、未被聞食入之條、難堪次第也、舎弟胤門一族胤遠等者令安堵了、爭可有用捨哉、爰彼輩戰功仁小須河之時、令遲參許歟、爲同日軍忠之上者、爭可被弃捐哉、就中相馬出羽權守親胤掠申闕所之由、申下御施行之間、就歎申可有御注進之旨、被仰出候

間、所畏存也、而半分者闕所之由、有御注進者、末代可被召放之條、歎而有餘、然早任一烈之法、蒙安堵御成敗、一圓無相違之由、爲預御注進、恐ゝ言上如件、

貞和四年九月　日

六二　相馬一族闕所地置文案

相馬胤村（五郎左衛門尉）
- 胤氏（二郎左衛門尉）—師胤（五郎左衛門尉）　一分跡、行方郡内大田村土貢六十貫文、又同郡吉名村土貢四十貫文、先代被闕所、長崎三郎左衛門入道拝領之、
- 師胤（彦次郎）—重胤（孫五郎）—親胤（出羽権守）　訴人
- 有胤（十郎）　子息等御敵也、彼跡等　高平村五十貫文　稲村十五貫文
- 胤實（孫四郎）—胤持（六郎）　大内村十貫文　長田村五十貫文
- 女子　高城保内根崎村三十貫文　鴿原村貳十五貫文
- 女子　牛越村三十貫文

以上、村ゝ親類等之跡也、惣土貢參百拾貫文、

一分跡長崎思元闕所地を拝領す

訴人

子息等御敵

惣土貢三百十貫文

公方へ注進す闕所の村々の得分員數

年未詳なれども姑くこゝに收む

かやうに公方へちうしん申て候、それにても、けそ《闕所》のむら〳〵のとくふん《得分》の員數の事、此定に御祕計候て、御注進をめさるへく候、これにすこしもとくふんまさり候ハヽ、此むら〳〵の内のそかれ候所候ぬと存候、猶〻これにハとくふんの分限おとり候とも、すこしもまさり候ハヽ、かなうましく候、此分者、それにても御心□候て、くわんれいにても御申あるへく候、

押紙の以上三通之系圖とは七號一〇二號及び本號なり

（押紙）
以上三通之系圖ハ、自胤綱至胤村以下五代父子之證文、其外兄弟一類等是以記之、

六三　陸奥國宣

陸奥國司北畠顯信親胤に參陣を要請す

（花押）《北畠顯信》

早馳參御方、令致忠節者、本領等事、不可有相違之上、有殊功者、可被抽賞之由所候也、仍執達如件、

正平五年十二月廿八日《カ》　民部權少輔清顯奉

相馬出羽前司《親胤》殿

六四　陸奥國宣

陸奥國司北畠顕信親胤に参陣を要請す

（北畠顕信）
（花押）

参御方者、本領不可有相違之上、付所望可有其沙汰、且被憑思召候由仰候也、仍執達如件、

正平六年二月十一日　　民部権少輔清顕奉

相馬出羽守（親胤）殿

六五　某軍勢催促状

海道四郡守護

海道四郡守護事、先國司（北畠顕家）御時被宛行云々、然者今度寂前令致忠節給者、如元不可有相違之状如件、

正平六年二月十三日　　（花押）

相馬出羽（親胤）先司館

六六　某軍勢催促状

海道四郡の闕所地を所望に任せん

國司發向以前揚義旗、可被致戮力之忠節、然者海道四郡闕所事、任御所望旨可執申　國宣之狀如件、

正平六年二月十三日　（花押）

相馬出羽前司(親胤)館

六七　某軍勢催促状

高木保闕所を由緒の地として安堵せん

國司發向以前揚義旗、可被致戮力之忠、然者高木保闕所事、爲由緒之地上者、領掌不可有相違之狀如件、

正平六年二月十三日　（花押）

相馬出羽前司(親胤)館

六八　後村上天皇綸旨

親胤に參陣を要請す

□〔參カ〕御方可致無貳之忠、且將軍被相觸歟、應□〔催カ〕促成其功者、可有恩賞者、
天氣如此、悉之、以狀、
正平六年二月廿七日　　少納言（花押）
□〔相〕馬出羽〔親胤〕權守館

〔別紙〕
正平吉野年號也、國宣トアルハ宮國司ノ事ナルヘシ、顯家ニテハナシ、宮ハ後醍醐宮也、

六九　相馬親胤申狀案

親胤行方郡内の本領を安堵されん事を請ふ

相馬出羽權守親胤謹言上、
欲早於陸奧國行方郡內本領□也、被經御善政御沙汰□蒙御成敗、
彌抽軍忠□、
□者、親胤重代相傳爲本領□被付給□而奉□下□〔亡〕父重胤
建武三四月十六日爲□者、將軍供奉仕於□者、當國行方郡楯籠

小高城□□落彼城宇多庄爲逢津□〔濱カ〕□建武五月□□共令討死畢、如此父子所々被相分□重書□□〔雖カ〕令紛告〔失〕、相殘具書等無相□彼所々給返、爲成安堵□、

觀應二年三月　日

七〇　吉良貞家奉書

行方郡高□村等を親胤に安堵す

陸奥國行方郡高□村等事、任相傳證文之旨、□不可有相違之狀、依仰執□〔達カ〕如件、

觀應□〔二カ〕年九月廿六日　　右京大夫〔吉良貞家〕（花押）

相馬出羽權守〔親胤〕殿

七一　吉良貞家安堵狀

行方郡牛越村を安堵す

陸奥國行方郡內牛越村事、□也、守先例可致沙汰之狀如件、

觀應二年十月九日　　右〔吉良貞家〕□

相馬出羽(親胤)守殿

七二　陸奥國宣

行方郡内於屋大田牛越吉名四ヶ村を資粮の用足として知行せしむべし

（花押）

去二月之比、可被擧義兵由就被申、雖被成御教書、結句于今在府無念次第也、然而所詮來十七日以前、馳上被致忠節者、行方郡内於屋・大田・牛越・吉名四ヶ村事、軍旅之間、爲資粮之用足、可令知行給旨所候也、仍執達如件、

正平六年十月十一日　　散位重顯奉

謹上　相馬出羽(親胤)前司殿

七三　陸奥國宣

府中退治以前に參陣を要請す

（花押）

早相催一族、府中對(退)治以前參御方、被致忠節者、本領不可有相違之上、有殊功者、可被抽

賞之由所候也、仍執達如件、

正平六年十月十八日　越中介景宗奉

相馬出羽次郎（親胤）殿

七四　吉良貞家書下寫

船迫合戰で舍兄四郎左衞門尉打死亘理郡坂本鄕半分を武石但馬守に知行せしむ

本文書九二號文書と一紙に寫す

船迫合戰ニ、舍兄四郎左衞門尉打死之條、殊感悅不少候、抑曰（亘）理郡坂本鄕事、本理非落居之間、於半分可被知行之狀如件、

觀應二年十月廿五日　吉良殿貞家在御判

武石但馬守殿

七五　吉良貞家書下

陸奧國東海道守護

（別紙）吉良右京大夫貞家

陸奧國東海道守護□事、小山出羽判官□可致沙汰之狀如件、

觀應□（二ヵ）年十月廿六日　右京（吉良貞家）□

相馬(親胤)出羽權守殿

七六　吉良貞家奉書

行方郡千倉庄內闕所分を勳功の賞として宛行ふ

陸奥國行方郡千倉庄內闕所分新田左馬助當知行分除之事、爲勳功之賞所宛行也、守先例可致沙汰之状、依
仰執達如件、

觀應二年十一月廿六日　右京大夫(吉良貞家)（花押）

相馬(親胤)出羽守殿

七七　陸奥國宣

將軍御迎へに馳參ずべし

（花押）

令參會將軍御迎之樣、不日被馳參者、本領不可有相違之上、致殊功者、可被抽賞之旨所候
也、仍執達如件、

正平六年十二月四日　越中權守景宗奉

相馬出羽權(親胤)守殿

七八　吉良貞家奉書

行方郡内吉名村を勳功の賞として宛行ふ

陸奥國行方郡内吉名村事、爲勳功之賞所宛行也、守先例可致沙汰之狀、依仰執達如件、

觀應二年十二月七日　右京(吉良貞家)□

相馬出羽(親胤)守殿

□

七九　足利直義感狀

凶徒退治

足利直義親胤に感狀を與ふ

凶徒退治事、於陸奥□(國カ)之由、右京大夫(吉良貞家)□注申之條、尤所感思也、□勵戰者、殊可抽賞之□、

觀應二年十二月九日　(足利直義)(花押)

相馬出羽(親胤)守殿

八〇　陸奥國宣

陸奥國司北畠顕信親胤に參陣を要請す

（北畠顕信）
（花押）
馳參御方、被致忠節者、本領不可有相違之上、可被抽賞之由仰候也、仍執達如件、
正平六年十二月十三日　右馬權頭淸顯奉
（親胤）
相馬出羽守殿

八一　陸奥國宣

陸奥國司北畠顕信親胤に參陣を要請す

（北畠顕信）
（花押）
相催一族等、早速馳參被致忠節者、本領當知行不可有相違之上、所望地事、可有其沙汰也、且被憑思食之由仰候也、仍執達如件、
正平六年十二月十五日　右馬權頭淸顯奉
（押紙）
宮國司方
（親胤）
相馬出羽守殿

陸奥國司北畠顕信相馬一族に參陣を要請す

八二　陸奥國宣

（花押）（北畠顕信）

早馳參御方者、本領不可有相違、有殊功者、可被抽賞之由仰候也、仍執達如件、

正平七年正月十二日　右馬權頭清顕奉

相馬一族御中

吉野御合體について野心の輩は退治すべし

名取郡に馳參ずべし

八三　吉良貞家軍勢催促狀

（別紙）

滅墨 就吉野殿御合（躰脱カ）野心之輩出來者

□（就カ）吉野御合躰、野心之輩出來者、可加退治之由、自　將軍家度々□（被）仰下之間、令存知其旨了、爰顕信（北畠）卿於奥方爲對治（退）御方人等、致合戰之上者、爲合力可押□襲來□等令□任□所□催一族、不廻時日馳參名取郡、可□（抽カ）軍功之狀如件、

正平七年二月廿九日　右京大夫（吉良貞家）（花押）

相馬（親胤）出羽守殿

（別紙）
顕信卿（號春日中將顕家卿弟歟）

八四　陸奥國宣

（北畠顕信）（花押）

伊達御發向

爲伊達御發向、所有着□（御カ）柴田也、相催一族、忩可被馳參之由仰候也、仍執達如件、

正平七年閏二月十六日　　右馬權頭清顕奉

相馬（親胤）出羽前司殿

八五　吉良貞家軍勢催促状

（前闕）

（北畠）顕信卿□御教書雖□注□到來□歟、早相催一□

凶徒等田村庄に逃籠る

□凶徒等可迯籠田村庄□有□（其閑カ）、急速差塞□致警固、若猶有不參之□下之旨、

爲有殊沙汰可□者、載起請之詞可注申、□有遊斷之狀□(如件カ)、

正平七年三月七日　　　　右京(吉良貞家)□

相馬出羽守(親胤)殿

八六　足利尊氏軍勢催促狀

奥州凶徒退治

(別紙)
尊氏卿御證判

奥州凶徒對(退)治事、所被仰右京大夫(吉良貞家)也、早隨□(彼カ)催促、□(可)致軍忠之狀如件、

觀應三年三月十五日　(足利尊氏)(花押)

相馬出羽守(親胤)殿

八七　吉良貞家軍勢催促狀

陸奥國司北畠顯信三澤城を沒落し小手保大波城に引籠る

今月十七日顯信(北畠)卿沒落三澤城(陸奥國刈田郡)、引籠小手保大波城之間、差遣軍勢等所取卷也、早一族相共、不日馳越小手保可抽軍忠、雖數ヶ度加催□(促カ)、□(于カ)今不參、太無謂、猶以不參者、任被仰下之

不參すれば鎌倉に注進すべし

旨、爲有殊沙汰、可□(注カ)進鎌倉之状如件、

正平七年三月十八日　右京大夫(吉良貞家)（花押）

相馬出羽守(親胤)殿

八八　吉良貞家軍勢催促状

北畠顕信以下の凶徒等宇津峯に落ち籠る一族を率ゐて田村庄を攻撃すべし

顯信(北畠)卿已下凶徒等、落籠□(田村カ)宇津峯之間、爲對(退)□(治)不日可被□之旨、度々被仰之處、于今不參、仍□存□(哉カ)、所詮草野通率一族、可被攻田村庄、若猶令遲々者、任御教書注申者、定可有後悔之状如件、

正平七年三月廿四日　右京大夫(吉良貞家)（花押）

相馬出羽守(親胤)殿

八九　吉良貞家軍勢催促状

守永親王及び北畠顕信没落の風聞あり

宮(守永親王)□(宇津カ)峯宮幷顯信(北畠)卿、可没落奥□等之由有其聞、早令警固其邊通、□恠人者可召進、

守永親王を討捕へた者は恩賞所望に随ふ

凡宮國司(守永親王)於懐捕討捕輩者、恩賞事、不撰貴賤隨所望可申沙汰之間、且普相觸近邊、且可被
□状□(如)件、
觀應三年七月五□(日)　右京大夫(吉良貞家)(花押)
相馬出羽(親胤)權守殿

(別紙)
宮國司幷顯信右同

九〇　吉良貞家擧狀

親胤恩賞を請ふ
下總國千葉城發向
箱根坂水呑の合戰
伊達郡藤田靈山田村庄宇津峯城等發向
守永親王等府中を襲ふ
柴田郡倉本河の合戰
親胤疵を被る
名取郡廣瀬河合戰

(端裏書)「右京大夫注進文和二三廿四」

相馬出羽守親胤申恩賞事、申狀一巻謹令進覽之候、去建武二年下總國千葉城發向之時、親胤屬當手、至于箱根坂水呑致戰功候訖、次奥州下向之後、去貞和三年伊達郡藤□(田)・靈山・田村□(庄)・宇津峯城等發向之時、率一族馳參、依抽軍忠、郎從等被疵候、加之去年宇津峯宮(守永親王)・伊達飛驒前司・田村庄司一族以下凶徒府中襲□(下カ)之處、同十月廿二日馳向柴田郡倉本河、一族幷郎從數輩手負打死之上、親胤被疵候、同十一月廿二日於名取郡廣瀬河合戰、進代官致忠候、就中今年田村庄凶徒對治(退)之刻、寂前進子息治部少輔胤頼、於安積郡部谷田陣、至于

子息胤頼田村庄凶徒退治

觀應三年は九月二十七日に文和と改元

佐〻（篠）河・田村・矢柄・宇津峯當陣抽忠節候、仍可浴恩賞之由、令言上候、急速可被經御沙汰候哉、親胤軍忠、若僞申候者、
八幡大菩薩御罰於可罷蒙候、以此旨可有御披露候、恐惶謹言、

觀應三年十一月廿二日　右京大夫貞家（吉良）（花押）

進上　仁木兵部大輔（頼章）殿

九一　某宛行狀

陸奥國長世保關戶□を親胤に宛行ふ

本文書觀應何年なるか不明なれども姑くこゝに收む

（別紙）
滅墨 長世保關戶

陸奥國長世保、關戶□但除他人先給等事、爲□宛行也、早□守先例□（可カ）致□
□、

觀應□年□（十一カ）

相馬出羽（親胤）□（權カ）（花押）

九二　吉良貞家書下寫

亘理郡坂本郷内給所村摩尼谷上下村精進谷村等を武石但馬守に知行せしむ
本文書七四號文書と一紙に寫す

陸奥國曰〔亘〕理郡坂本郷内給所村・摩尼谷上下村・精進谷村等事、本理非落居之間、可被知行之狀如件、

文和二年四月廿日　吉良殿 貞家 在御判

武石但馬守殿

九三　崇光天皇綸旨

(別紙)

人王九十八代崇光院 御諱興仁

興　朋

下　領旨等之事

早　馳參御方、致軍忠者、恩所者悉可依其勸、枚方(マヽ)(行方)左右(マヽ)(相)馬出羽守于下一族共、速可發此議者、

天氣執達如件、

仰執筆宇田大納言

観應三年九月二十七日に文和と改元
本文書疑はしけれども姑くこゝに収む

観應四（マヽ）年六月十一日
枚（マヽ）方左（マヽ）右馬出羽守館

黒河郡南迫を兵粮料所として胤頼に預け置く

九四　石塔義憲預ケ状

陸奥國黒河郡南迫事、爲兵粮料所、所被預置也、且令配分一族中、任先例可被致沙汰之状如件、

文和三年六月一日　左衛門佐（石塔義憲）（花押）

相馬治部少輔（胤頼）殿

竹城保を胤頼に安堵す

九五　石塔義憲奉書

陸奥國竹城保事、如元可領掌者、任先例可被致〔沙汰脱カ〕状、依仰執達如件、

文和三年六月一日　左衛門佐（石塔義憲）（花押）

相馬治部少輔（胤頼）殿

年未詳なれども姑くこゝに収む

九六　足利尊氏書状

千葉介の申候事、よきやうにさた候へく候、猶〳〵こまかにきかれ候□〔てカ〕、ミちゆき候やう
にさた候へく候、

七月三日　（足利尊氏）（花押）

（吉良貞家）右京大夫殿

安達東根内鹽松合戰

年未詳なれども姑くこゝに収む

九七　足利尊氏軍勢催促状

（別紙）
尊氏卿御判
斯波左衛門佐和義 法名心勝

左衛門佐入道心勝申、陸奥國安達東根内鹽松合戰事、高倉上總介・同一族等押寄當所及矢
戰云〻、尤招重科歟、所詮令合力心勝代、可退彼等也、

十二月十一日　（足利尊氏）（花押）

（親胤）相馬出羽守殿

九八　相馬親胤讓狀

親胤所領を子息胤頼に讓り與ふ
行方郡福岡村小池村壽福寺領たるの間毎年寺家に年貢沙汰致すべし
狩濱取犬追は公事あるべからず

讓與、
陸奧國行方郡福岡村・小池村事、
右地者、當知行依無相違、所讓與子息治部少輔胤頼也、但於彼所者、爲壽福寺領之間、每年於寺家可致年貢沙汰、將又狩濱取犬追者、不可有公事、於年具〔貢〕運上者、可爲如先〻狀如件、

延文參季十一月廿日　　聖心〔相馬親胤〕（花押）

九九　相馬親胤讓狀

親胤所領を子息胤頼に讓り與ふ
行方郡小高村高村目々澤村堤谷村草野内關澤山村上濱

讓與、
陸奧國行方郡小高村・多賀〔高〕村・目〻澤村付櫻濱・堤谷村付濱・草野内關澤山・村上濱事、
右地者、依爲重代相傳本□〔領〕、所讓與子□〔息〕治部少輔胤頼也、不可有他好〔妨〕之狀如件、

延文參季十一月廿日

聖心（相馬親胤）（花押）

一〇〇　相馬親胤讓狀

親胤所領を子息胤頼に譲り與ふ
行方郡吉名村太田村内山總三村那良夫山牛越村

讓與、

陸奥國行方郡吉名村・太田村付馬牧山野幷内山總三村付濱・那良夫山・牛越村付山野事、

右地者、當知行依無相違、所讓與子息治部少輔胤頼也、不可有他妨之狀如件、

延文參季十一月廿日

聖心（相馬親胤）（花押）

一〇一　相馬親胤讓狀

親胤所領を子息胤頼に譲り與ふ
行方郡千倉御庄内仁木田村安倉村太倉村北草野村

讓與、

陸奥國行方郡千倉御床〔庄〕内仁木田村・安倉村・太倉村幷北草野村事、

右地者、當知行依無相違、所讓與子息治部少輔胤頼也、不可有他妨之狀如件、

延文參季十一月廿日

聖心（相馬親胤）（花押）

一〇二　相馬系圖

相馬系圖

年未詳なれども姑くこゝに收む

- 相馬五郎左衞門尉 胤村
  - 次郎左衞門尉 胤氏
    - 五郎左衞門尉 師胤
  - 彦次郎 師胤
    - 孫五郎 重胤
      - 出羽守 親胤
        - 治部少輔 胤頼
  - 餘一 通胤
    - 孫次郎 行胤
      - 次郎兵衞尉 朝胤
    - 鶴夜叉 女子
      - 治部少輔 胤頼

一〇三　足利義詮官途吹擧狀

（別紙）

> 義詮卿御判
> 相馬治部少輔胤頼被敍
> 從五位下讃岐守改、

讃岐守所望

讃岐守所望事、所擧申公家也、早可令存其旨之狀如件、

康安元年八月十日　（足利義詮）（花押）

相馬治部少輔（胤頼）殿

胤頼讃岐守に任ぜらる

一〇四　後光嚴天皇口宣案

（別紙）人王九十九代
後光嚴院御宇

上卿　萬里少（マヽ）路（仲房）中納言

康安元年九月十八日　宣旨

平胤頼

宜令任讃岐守、

藏人頭左近中將隆家（油小路）奉

東海道□檢斷職

一〇五　斯波直持書下

東海道□檢斷職事、守□可致沙汰之□、

康安二年十□日　左京權（斯波直持）□（花押）

相馬讃（胤頼）岐守殿

一〇六　斯波直持宛行狀

胤頼宮城郡國分寺鄉半分の地頭職を宛行はる
八幡介景朝跡の替

陸奧國宮城郡國分寺鄉半分（國分淡路守幷一族等跡內）地頭職事、爲八幡介景朝（跡之カ）□替所宛行也、早守先例可致沙汰之狀如件、

貞治二年七月十一日　左京大夫（斯波直持）（花押）

相馬讚岐守（胤頼）殿

一〇七　斯波直持書下

陸奧國東海道（檢斷カ）□職

陸奧國東海道（檢斷カ）□職事、早任先例□沙汰之狀如件、

貞治二年八月十五日　左京（斯波直持）□

相馬讚岐守（胤頼）殿

出羽國下大山庄內漆山鄕等の下地を胤頼代に打渡す

一〇八　沙彌眞季打渡狀

出羽國下大山庄內漆山鄕□庄內門田、飯澤別□（明カ）事、八月十七日任御教書之（旨脫カ）、大泉下野守相友（共）、相馬讚岐守代下地渡付候畢、仍狀如件、

貞治三年九月十一日　沙彌眞季（花押）

相馬讚岐守（胤頼）殿

名取郡南方坪沼鄕等を勳功の賞として胤頼に宛行ふ

一〇九　斯波直持奉書

（押紙）滅墨　名取郡

陸奧國名取郡南方坪沼鄕□堀內鄕內合□、爲勳功之賞（カ）所宛行□例可致沙汰狀、依仰執達如件、

貞治六年正月廿五日　左京大夫（斯波直持）（花押）

相馬讚岐守（胤頼）殿

一一〇　吉良治家奉書

宇多郡の所領を胤頼に配分領掌せしむ

（別紙）奥州宇多郡代々全領

陸奥國宇多□任本知行之旨、□令配分領掌不□相違之状、依仰執□（達如件）、

貞治六年卯月廿八日　　兵□（吉良治家カ）

相馬讃岐守（胤頼）□（殿）

一一一　吉良治家奉書

高城保一族等知行分を胤頼に領掌せしむ

陸奥國高城保一族等知行分事、任先日御教書之旨、領掌不可有相違之状、依仰執達如件、

貞治六年卯月廿八日　　兵部大輔（吉良治家）（花押）

相馬讃岐守（胤頼）殿

胤頼所領を子息憲胤に譲り與ふ
行方郡小高村目々須澤村草野内關澤村上濱

一一二　相馬胤頼讓狀

讓與、
陸奥國行方郡内小高村・目々須澤村付櫻濱・草野内關澤・村上濱事、
右地者、依爲重代相傳本領、所讓（與脱カ）子息千代王丸（憲胤）也、不可有他妨之狀如件、
貞治六年八月廿三日
前讃岐守胤頼（花押）

胤頼所領を子息憲胤に譲り與ふ
行方郡吉名村太田村

一一三　相馬胤頼讓狀

讓與、
陸奥國行方郡内吉名村・太田村事、付馬場那良夫山
右地者、當知行依無相違、所讓與子息（千脱カ）代王丸（憲胤）也、不可有他妨之狀如件、
貞治六年八月廿三日
前讃岐守胤頼（花押）

一一四　相馬胤頼讓狀

胤頼所領を子息憲胤に讓り與ふ
行方郡福岡村小池村
壽福寺領たるの間毎年寺家に年貢沙汰致すべし
狩濱取犬追は公事あるべからず

讓與、
陸奥國行方郡内福岡村・小池村事、
右地者、當知行依無相違、所讓與子息千代王丸（憲胤）也、但於彼所者、爲壽福寺領間、毎年於寺家可□（致）年貢沙汰、將又狩濱□（取）犬追者、不□（可）有公事、於年貢運上、可爲如先ゝ之狀如件、

貞治六年八月廿三日　前讚岐守胤頼（花押）

一一五　相馬胤頼讓狀

胤頼所領を子息憲胤に讓り與ふ
行方郡千倉御庄内仁木田村安倉村太倉村北草野村

讓與、
陸奥國行方郡千倉御庄内仁木田村・安倉村・太倉村幷北草野村事、
右地者、當知行依無相違、所讓與子息千代王丸（憲胤）也、不可（有脱カ）他妨之狀如件、

貞治六年八月廿三日　前讚岐守胤頼（花押）

胤頼所領を後家に譲り與ふ
行方郡目々澤村太田村の田在家
後家一期の後は憲胤の計ひたるべし

一一六　相馬胤頼譲狀

譲與、

陸奥國行方郡内目ゝ澤村森合田在家一宇・太田村藤治(沼カ)田在家一宇事、

右地者、爲相傳地之間、所譲與後家分也、更不可有他妨、後家一期後者、千代王丸(憲胤)可爲計之狀如件、

貞治六年八月廿三日

前讃岐守胤頼（花押）

高城保内赤沼郷を相馬讃岐次郎に安堵す

一一七　斯波詮持（カ）奉書

陸奥國高城保内赤沼郷事、爲本領之間、所□付也、如元知行□(不可有相)違狀、依仰執達如件、

應安五年十二月二日

左衛門佐(斯波詮持カ)（花押）

相馬讃岐次郎殿

御施行之旨は前號文書高城保內赤沼郷を相馬讃岐次郎代に打渡す

一一八　沙彌清光打渡狀

高城保內赤沼郷事、任御施行之旨、留守新左衛門尉相共莅彼所、下地於相馬讃岐次郎代渡付畢、仍渡之狀如件、

應安五年十二月十一日　　　　沙彌清光（花押）

高城保內の所領を相馬讃岐次郎に安堵す

一一九　左衛門尉持繼奉書

陸奥國高城保內□〔長カ〕事、任御判之旨、知行不可有相違之狀、依仰執達□〔如件〕、

應安六年五月二日　　　　左衛門尉持繼（花押）

相馬讃岐次郎殿

竹城保內長田郷を相馬讃岐次郎に安堵す

一二〇　斯波詮持（カ）奉書

陸奥國竹城保內畑□事、同所本領長田郷安堵□所被宛行也、早任先例之（マヽ）可令領知之狀、

依仰執達如件、

應安六年九月十八日　　　左京權大夫(斯波詮持ヵ)（花押）

相馬讃岐次郎殿

一二一　石橋和義奉書

行方郡内小谷木村女波村福岡村小池村矢河原村半分等を憲胤に安堵す

陸奥國行方郡内小谷木村・女波村・福岡村・小池村・矢河原村半分等事、爲由緒由申之上者、領掌不可有相違之狀、依仰執達如件、

永德元年八月十七日　　　(石橋和義)沙彌（花押）

相馬治部少輔(憲胤)殿

(押紙)沙彌心勝

(押紙)尊氏方田村口ノ大將ヲシタルト見ユ、

一二二　石橋和義書狀

竹城保の替地として東根内戸澤郷を沙汰あるべし

竹城保事、既被宛行候了、但依不慮儀、雖及相違事候、以替地可有其沙汰候、不他所闕所出來候者、以東根内戸澤(カ)郷可有沙汰候、恐ゝ謹言、

九月六日　沙彌心勝（石橋和義）（花押）

謹上　相馬治部少輔（憲胤）殿

年未詳なれども姑くこゝに収む

一一三　石橋棟義預ケ状

長世保内大迫郷を憲胤に預け置く

陸奥國長世保內大迫鄉事、所被預置也、早任先例可被致其沙汰之狀如件、

至德三年七月十二日　陸奥守（石橋棟義）（花押）

相馬治部少輔（憲胤）殿

一一四　石橋棟義預ケ状

名取郡南方増田郷内下村を兵粮料所として憲胤に預け置く

（別紙）山名陸奥守氏清

陸奥國名取郡南方增田鄉內下村（大內新左衛門尉知行）分事、爲兵粮料所ゝ被預置也、早任先例可被致其沙汰之狀如件、

至德三年十二月二日　陸奥守（石橋棟義）（花押）

相馬治部少輔（憲胤）殿

一二五　某預ケ状

亘理郡内の所領を料所として預け置く
年未詳なれども姑くこゝに収む

陸奥國日〔亘〕理郡□除村□尼神事、爲料所、所被預置也、

三月廿四日

一二六　相馬憲胤起請文

□之段錢事、任被仰出之旨、雖被過分沙汰候、重奥州行方郡之御公事田數之□〔事カ〕、委細可注申之由蒙仰候間、右仁〔古カ〕等尋承候處、前代事者、郡内五拾町之御公事□申候由承及候、雖然先代滅望〔滅亡〕之動亂以後者、山野罷成候、永代損望〔亡〕之地間、於愚身三代者、以上拾五町之御公事勤申候也、右此條僞申候者、日本國中之大少〔マヽ〕神祇、殊若宮八幡、妙見大菩薩御罰可罷蒙候、仍起請文如件、

明德五年五月六日相馬治部少輔憲胤（花押）

進上　御奉行所

（押紙）至爰憲胤證

憲胤行方郡の御公事田數について起請文を提出す
段錢
前代は郡内五十町の御公事
愚身三代は十五町の御公事

一二七　相馬憲胤譲状

憲胤所領を胤弘に譲り渡す
行方郡吉名村太田村千倉庄内仁木田村横手村駒泉村安倉村北草野太倉鷹倉江井村内田在家大井村内田在家

公方御公事物は先例を守るべし

（端裏書）「相馬孫次郎殿　三十六」

譲渡、
陸奥國行方郡内吉名村付水谷田在家等山野共仁　付上野澤田在家等山野共仁
太田村付馬場桑良（奈カ）夫狩倉共仁　付内山狩倉
千倉庄内仁義（木）田村付栃窪同狩倉山濱共仁
横手村、駒泉村付大關、安倉村、
北草野太倉狩倉共仁、　鷹倉狩倉共仁
江井村内了性内田在家、越前次郎田在家等
大井村内伊豆守之跡田在家
右、此於村々者、代々云相續云當知行無相違之間、所與孫次郎胤弘讓也、公方御公事物者、
守先例可致其沙汰、仍爲後日證文讓狀如件、
應永二年十月廿一日　　治部少輔憲胤（花押）

一一八　相馬憲胤讓狀

憲胤所領を胤弘に讓り渡す
行方郡小高村村上濱目々須澤村南草野内堰澤
公方御公事物は先例を守るべし

(端裏書)「相馬孫次郎殿　三十五」

讓渡、

陸奥國行方郡内小高村・村上濱・目ゝ須澤村付小濱・櫻濱、

南草野内堪(堰)澤付狩倉共仁、

右、此村ゝ者、永代相傳地也、然間孫次郎胤弘所與讓也(マゝ)、公方御公事物者、守先例可致其

沙汰、仍爲後日證文讓狀如件、

應永二年十月廿一日

治部少輔憲胤(花押)

一一九　相馬憲胤讓狀

憲胤所領を胤弘に讓り渡す

(端裏書)「孫次郎殿」

讓渡、

行方郡福岡村矢河原村小池村南草野村內小宮在家
壽福寺領公方御公事は先例を守るべし

陸奥國行方郡內福岡村・矢河原村付狩倉山・小池村狩倉山共仁・南草野村內小宮在家狩倉山共仁、

右、此於村者、壽福寺領置預也、當知行無相違之間、所與讓孫《マヽ》次郎胤弘也、公方御公事者、守先例可致其沙汰、仍爲後日證文讓狀如件、

應永二年十月廿一日　　治部少輔憲胤（花押）

下總國南相馬及び陸奥國行方郡の鄉村田數注進
南相馬分

一三〇　下總國南相馬郡等田數注進狀案

（端裏書）「ちうしんのあん三十八」

ちうしん　下おさ《總》の國ミなミさうまのむら、ならひニ六《陸奥》の國なめかたのこほりのかうむ《鄉村》
らのてんす《田數》の事、

一、ミなミさうまのふん

上　わしのやのむら　二十三丁八たん《反》大

中　ミのわ　六丁六反六十歩

上　いつミのむら　二十二ちやう

上　おほ井のむら　　二十丁四反
上　ますをのむら　　二十八丁一反三百歩
中　たかやなきのむら　九丁三反半
中　さつまのむら　　十二丁八反三百歩
下　あわのうのむら　　一丁九反
中　ふちかやのむら下上　十三丁一反
以上てんす(田　数)百三十八丁二反

（別筆）「應永二」

（押紙）
至應永比、總州相馬有知行之證、滅墨應永二トアリキ、

田數百三十八丁二反

一三一　足利氏滿軍勢催促狀寫

陸奥國小野保名主國井若狹守・田原谷彈正忠等事、恩領敵對之上、去年執立先代名字仁及合戰之由、所有其聞也、不日可致(被)加退治之狀如件、

應永四年五月廿二日　　　氏滿御判

小野保名主國井若狹守及び田原谷彈正忠等恩領敵對の上合戰に及ぶ

左京大夫殿

一三二　五郡一揆契状

五郡一揆之事、

右條者、就大小事、堅相互見□〔継カ〕被見繼可申候、於公方之事者、五郡以談合之儀被沙汰、私所務相論□〔者カ〕、任理非可有其沙汰候、若此條僞申候者、八幡大菩薩御罰於可罷蒙候、仍契状如件、

應永十七年二月晦日

標葉（花押）
楢葉（花押）
相馬（花押）
諸根（花押）
好嶋（花押）
白土（花押）
岩城（花押）

五郡一揆
大小の事は堅く相互に見継ぎ見継がれ申すべし
公方の事は五郡談合の儀をもつて沙汰せらるべし
私の所務相論は理非に任せて沙汰あるべし

標葉
楢葉
相馬
諸根
好嶋
白土
岩城

行方郡惣領職は四郷牛六十六ヶ村三千八百町を相傳胤弘□胤に所領を讓り渡す目々澤道弘預り置く

一三三　目々澤道弘預り狀

(端裏書)(カ)「行方郡□文預狀　胤弘」

奥州行方郡爲惣領職□相傳地者、四郷牛六十六ヶ村三千八百町山野江河不殘□□自讃岐守胤弘、任知行旨□孫次□(郎カ)胤讓渡處也、仍爲後日之□(狀カ)如件、

預置　目々澤周防守□(道弘)(花押)

永亨八年丙辰霜月一□(日カ)

(押紙)
至爰胤弘證

惣領千葉殿
次男相馬殿

一三四　目々澤道弘置文

右代々御重書之事、

日本將軍自將門平親王以來千葉之御先祖、

一番　惣領千葉殿

二番　次男相馬殿

武石殿
大須賀殿
國分殿
藤殿

下總國相馬郡より陸奥國行方郡に御下向行方郡は四鄕半六十六ヶ村田數三千八百町

千藏庄御忠賞により拜領

行方郡小谷鄕內小高村中四郎內に城を構ふ

目々澤道弘預り置く御重書及び行方郡取町目錄を子息定淸に渡し置く

三番　武石殿

四番　大須賀殿

五番　國分殿

六番　藤殿

仍相馬江相分而、御知行御領其外御相傳候御文書、并ニ依御忠賞奥州行方郡御知行候間、自下總國相馬御下向候而、行方郡御座候、當郡ハ四鄕半六十六ヶ村田數三千八百町悉御拜領候而、御一族江餘達御申候所ニ候也、

一、千藏庄、是又依御忠賞無異儀御拜領候也、

一、御在所之事者、當郡小谷鄕內小高村中四郎內と申所被構御城內御座候也、　次御內者、藤原朝臣木幡目ゝ澤周防入道ゝ弘、彼御重書代ゝ罷預候間、愚息候越前守定淸生年廿一歲之時、彼仁悉御重書幷行方郡取町目錄、皆ゝ預渡候處實也、彼證文之外、至餘人親類不可有違亂候者也、

文正二年丁亥二月廿五日

目ゝ澤周防入道

沙彌道弘（花押）

（押紙）
目々澤或號木幡、此仁相馬之系圖幷代々相傳之重書等預リ置之處ニ、至彈正盛胤御時被殺戮之時、系圖文書等紛失云々、御當家自師常相續之證文此書物也、

一三五　富田知信書狀

雖未申通候、令啓候、然者奥兩國惣無事之儀、御書被差遣候、路次等之儀憑入候、於上邊御用之儀候ハヽ、可被仰越候、相應之儀可令馳走候、猶宗洗（金山）可申入候、恐々謹言、

（天正十五年カ）
極月三日　（富田知信）（花押）

奥州
相馬殿
御宿所

（包紙）
「富田左近將監
相馬殿
御宿所　」

奥兩國惣無事の儀
金山宗洗
年未詳なれども天正十五年のものか

一三六　石田三成書狀

北條事につき出仕を命ず
眞田拘の地を計策をもつて盜む

父子に一人罷上るとも御赦免あるべからず

年未詳なれども天正十七年のものか

雖先書申達候、重而令啓候、北條事、來極月上旬ニ可出仕之旨、一札出置例之、以表裏御請申首尾非相違而已、剰眞田拘之地、以計策盜捕、爲隱非、石卷と申者爲使者差上、不次題目言上之、併爲可申延と被思食、彼使者可被刎首、雖義（議）定候、使者之儀ニ候間、被相助被返追候、然上者、父子ニ一人只今罷上候共、不可有御赦免之旨、堅被仰出候、既堺目之面々、正月上旬可令出勢之通御廻文候、五畿內之儀者不及申、四國・九州・山陰・山陽・北陸・南海諸國之軍卒、仲春上旬至臼井、箱根發向之御廻文候、此趣㝡前及書中候へ共、路次にて相滯候てはと存、追而如此候、可有御忠節事專一候、恐々謹言、

（天正十七年カ）十一月廿八日　（石田）三成（花押）

相馬殿

御宿所

一三七　豐臣秀吉禁制寫

禁制

禁制

一、軍勢甲乙人等亂妨狼藉事、

一、放火事、

一、對地下人百姓非分之儀申懸事、
右條々、堅令停止訖、若於違犯之輩者、忽可被處嚴科者也、
天正十八年七月　日（秀吉朱印）

義胤奥州内本知分四萬八千七百石を宛行はる

一三八　豐臣秀吉朱印狀寫

奥州内本知分四萬八千七百石事宛行訖、目錄帳別紙在之、全可領知候也、
天正十八
十二月七日（秀吉朱印）
相馬長門守（義胤）殿

端午の祝儀石田三成

一三九　豐臣秀吉朱印狀寫

爲端午之祝儀、帷子二生絹紋有到來之、悦思召候、猶石田治部少輔（三成）可申候也、
五月三日（秀吉朱印）

相馬長門守〔義胤〕殿

年未詳なれども姑くこゝに収む

一四〇　豊臣秀吉朱印状寫

歳暮の祝儀
石田三成
年未詳なれども姑くこゝに収む

爲歳暮之祝儀、呉脹〔服〕一重到來之、悦思食候、猶石田治部少輔〔三成〕可申候也、

十二月廿五日　秀吉朱印

相馬長門守〔義胤〕殿

一四一　相馬義胤書状

肥前名護屋
名護屋に着陣
太閤様
御入唐の儀

爰元儀□老□望可入□

三月廿四日之御狀□肥前於號名護屋地、五月十八日拜見、面上之心地仕□〔候カ〕、殊ニ上洛時□、中途へ一種一荷被懸御意候、本望至極ニ候、名護屋へ卯月廿二日着陣仕候、然者　太閤様得御意、帷平〔マヽ〕はをり以下拜領過分之儀候、不覃申候、殊ニ遠途罷上之由、被仰立候而、御扶持方一兩月分被下置候、彼是被晉〔聞〕召、可爲御本望候、御入唐之儀、近〻被相究候、

闕奥皆御供に候
高麗の事は手間も入間敷由申し來る
來年は治定たるべし
珍阿彌

闕奥皆以御供ニ候、高麗事者、手間も入間敷由申來候間、還國之儀も、來年者可爲治定被存候、其節一盞相請へき迄候、將亦且昏御祈念無御油斷由、其威光を以堅固之還郡眼前ニ候、將亦珎阿彌供之儀、前廣ニ其分別無之候、乍若輩之身、路次之御供仕度よし侘申候間、難黙止存連立候、彼身之事者、拙者計之賴之者候間、少も無油斷申付候間、可御心易候、母其許ニ閣申候間、珎阿彌不敏〔愍〕と被思召候ハヽ、彼者ニ可被下御意候、申度事數多候へ共令略候、恐惶敬白、

年未詳なれども文祿元年か

（文祿元年カ）六月四日　　義胤（花押）

閑巷院
　尊報御同宿中

（別紙）
朝鮮征伐之時、長門守義胤肥前名護屋ヨリ標葉ニ居住ス閑巷院同遍上人江送玉フ御返簡、御家ノ證驗トナル譯合、奥相祕鑑三巻ニクワシク記、

一四二　徳川秀忠黒印條目

條々

最上に差遣はす人數次第

一、今度至于最上差遣人數次第事、如被仰出各令覺悟、諸事可任上使差圖事、

喧嘩口論

一、喧嘩口論堅令停止候訖、若有違犯之族者、雙方可誅罰、萬一令荷擔者、其咎可重於本人

事、

竹木伐採及び押買狼藉

一、濫不可伐採竹木、幷不可押買狼藉事、

在番中の人返

一、今度在番中人返停止事、

年貢方未進方の百姓男女

一、百姓男女事、年貢方未進方共以可令弃破之、但過二十ヶ年者、可爲譜代之旨被仰出之條、主人覺悟次第事、

右、堅可相守此旨者也、

元和八年八月廿一日

◯（徳川秀忠黑印）

一四三　徳川秀忠黑印條目

條々

國中竹木伐採

野陣

一、國中竹木猥伐採へからさる事、但野陣之刻者各別事、

給人方夏成の儀

一、給人方夏成之儀者出遣之間、可存其旨事、

武具幷に資財

一、家中之輩武具幷資財等、無相違其面々可令受用事、

未進分

未進方に取つかふ男女

一、未進分可弃破事、付借物者可爲互之一札次第事、

一、未進方に取つかふ男女の事、未濟同前に可弃捐、但過廿ヶ年者、可爲譜代之旨被仰出之條、主人覺悟次第事、

右、堅可相守此旨者也、

元和八年八月廿一日

◯（徳川秀忠黒印）

上使中

一四四　徳川秀忠書状

端午の祝儀

大久保相模守忠隣

年未詳なれども姑くこゝに收む

爲端午之祝儀、帷子三到來、被悦思召候、尚大久保相模守（忠隣）可申候也、

五月三日　（徳川秀忠）（花押）

相馬大膳とのへ

一四五　徳川秀忠書状

端午の祝儀大久保加賀守
年未詳なれども姑くこゝに收む

爲端午之祝儀、帷子三到來、喜悦候、委曲大久保加賀守可申候也、

五月四日　(花押)(徳川秀忠)

相馬長門守(義胤)とのへ

一四六　徳川秀忠黒印状

初鶴到來土井大炊頭利勝
年未詳なれども姑くこゝに收む

初靏到來、悦思召候、將亦所労無油斷保養肝要候、猶土井大炊頭(利勝)可申候也、

八月廿三日　◯(徳川秀忠黒印)

相馬長門守(義胤)とのへ

相馬岡田文書

一　相馬胤顕置文

胤顕嫡子胤盛
等に所領を配
分せんとす
とよわか
おとわか
後家

いたはり火急なるにより、めん〳〵のゆつりをあたふるにおよはす、しかれハすなはち、ちやくし(嫡子)こ(マヽ)小次郎たねもり、又とよわか・おとわか二人かなかにいつれにても一人、又こけ(後家)、これら三人に、をのさハの入道殿御はからひにて、たねあきか所領をハ、はいふんして給へく候、よてのちのためにしやう如件、

弘安八年正月四日　　　平胤顕(花押)

二　關東下知状※

※印は相馬岡田雑文書以下同

平鶴若に上總國周東□泉村の田地を領知せしむ
亡父周東幸綱

可早以平氏字鶴若領知上總國周東□(郡カ)泉村内田地員數載讓狀事、

右、任亡父周東左近五郎幸綱文永九年二月十日讓狀、可令領掌之狀、依仰下知如件、

正應三年六月廿三日

陸奥守平朝臣(北條宣時)(花押)

相模守平朝臣(北條貞時)(花押)

胤村跡を胤顯に領知せしむ
陸奥國院内大三賀八兎波多谷

三　關東下知狀

可令早平胤顯跡領知陸奥國院内・大三賀・八兔(兎)幷波多谷已上田數載配分狀事、

右、以亡父左衛門尉胤村跡、所被配分也者、早守先例可致沙汰之狀、依仰下知如件、

永仁二年八月廿二日

陸奥守平朝臣(北條宣時)(花押)

相模守平朝臣(北條貞時)(花押)

胤村跡を某に
領知せしむ
長田

四　關東下知状

（前闕）

田村幷長田已上田數載配分状事、

右、以亡父左衛門尉胤村跡、所被配□〔分〕也者、早守先例可致沙汰之状、依仰□〔下知〕如件、

永仁二年八月廿二日

陸奥守平朝臣〔北條宣時〕（花押）

相模守□〔北條貞時〕

胤村跡を平某
に領知せしむ
行方郡□澤堤
谷小山田

五　關東下知状※

可令早平□跡領知□〔陸〕□澤・堤谷・小山田已上參箇□、

右、以亡父左衛門尉胤村跡、所□、早守先例可致沙汰之状、依仰□、

永仁二年八月廿二日

陸奥守平□〔北條宣時〕

相模守□〔北條貞時〕

胤盛代行方郡八兎村大内村について訴ふ
和與
八兎大内兩村は祖父胤村の所領
永仁二年に胤盛は八兎村胤實は大内村の配分に預る
訴陳三問答和與の儀をもつて胤實二石五斗蒔田地及び在家二宇等を避り與ふ

六　關東下知状

相馬小次郎胤盛代□國行方郡八𪋮(兎)□大内□、

右、就訴陳状、欲有其沙汰之處、兩方和與畢、如胤盛去月廿七日状者、兩村者祖父胤村所領也、永仁二年爲亡父胤顯跡、胤盛者八𪋮(兎)村、胤實者大内村、預御配分畢、而捧彼状就申子細、雖番訴陳三問答、以和與之儀、胤實去與貳石伍斗蒔田地坪者八□(𪋮)堺副幷在家貳宇高縄内大□師號三角内聟太郎内付畠等之間、向後止訴訟畢、若致違亂者、相互可被申行罪科云〻、如常蓮同日状者、子細同前者、此上不及異儀、然則任彼状可令領知者、依鎌倉殿仰、下知如件、

應長元年八月七日

陸奥守平朝臣(大佛宗宣)(花押)

相模守平朝臣(北條師時)(花押)

七　尼妙悟胤顯後家讓状

尼妙悟胤顯跡所領を子息等に譲り與ふ
南相馬泉村
行方郡岡田村
飯土江狩倉矢河原の地頭職
胤顯跡は妙悟一期知行
孫六分を除き胤盛に譲り與ふ
不孝仁の分は兄弟寄合ひて惣領進退に分け領すべし
御公事は田數分によりて勤むべし

ゆつりあたうるさうまの五郎たねあきのあと、しもつさ《下總》のくにミなミさうまのうちいつミのむら、ミつ《陸奥》のくになめかたのこをりをかたのむら、をなしきいゝとへかりくら一所《カ》、やかわらやまちとうしきの事、

□《ミ》き、くたんのところハ、たねあきかあととして、あ□《まカ》めうこ《妙悟》いちこ《一期》ちきやうするところに、いつミ□うち、かなやまに二郎太郎かさいけ一けん、□のた一ちやうをハしなん《次男》まこ六かふん、のこる□いつミ・をかた・いゝとへかりくら・やかわら□こ二郎たねもりにゆつりあたうるところ□、もしきやうたいのなかに、いらんそせうをもいたさんものハ、ふけう《不孝》のしん《仁》として、あまかあとを一ふんにちきやうすへからす、いらんをいたさんものゝふんをハ、きやうたいよりあいて、そうりやうしんたいにわけりやうすへし、御くうし《公事》事ハてんしゆ《田數》のふんによりてつとむへし、よつてゆつりしやうくたんのことし、

正わ《和》四ねん八月七日　めうこ《妙悟》（花押）

八　尼妙悟胤顯後家讓狀

□《ゆ》つりあたうるさうまの五郎たね□《あきのあカ》と、あまめうこいちこちきやう□なめかたのこ

尼妙悟胤顕跡の行方郡八兎を胤康に譲り与ふ
尼妙悟一期知行
不孝仁の分は兄弟寄合ひて惣領進退に分け領すべし
御公事は田数に従ひ勤むべし

ほりのうちやつうさき《(八兎)》をハ、五郎たねやすにゆつり候、そのなかより□やうして候へハ、たゝわかミのこと□ほとにゆつりたひ候、もしきやうたいのなかにも、いらんそせう申候ハん人ハ、ふけうしんとして、あまかあとを一ふんもかくる《(カ)》へからす、いらんをいたさんものゝふんを、きやうたいよりあいて、そうりやうしんたいにわけりやうすへし、御くうし事ハてんしゆにしたかいてつとむへし、よつてしやうくたんのことし、

正わ《(和)》四ねん八月七日　（花押）《(妙悟)》

九　尼専照胤盛後家譲状

尼専照胤盛跡の所領を胤康に譲り渡す
下総國南相馬泉村
行方郡岡田村
飯土江狩倉
惣領職として永代知行すべし

□《(ゆつりカ)》わたすさうまの小二郎たねもり《(胤盛)》のあとの事、
しもつさのくにみなミさうまのうちいつミのむら、ならひにむつのくになめかたのこをりをかたのむら、このところ〳〵ハ、五郎たねやす《(胤康)》そうりやうしきとしてゐいたいちきやうすへし、いゝとゑかりくらをなしくちきやうすへし、たゝし六郎なかたね《(長胤)》・又つるかふんハのそく、このほかハたねやすにゆつるところなり、たのさまたけあるへからす、もしこのあとにいらんをなさんこともハ、ふけうのしんとして、たねもりのあとをしるへからす、

不孝仁の分は惣領進退領知すべし
御公事は田數に從ひ勤むべし

かのあとをハそうりやうしむたいりやうちすへし、御くうし事ハてんしゆにしたかいてつとむへし、よつてゆつりしやうくたんのことし、

けんをう《元應》にねん三月八日　　　　せんしやう《專照》（花押）

幕府尼專照の讓狀を認む

「（裏書）
任此狀可令領掌之由、依仰下知如件、

元亨元年十二月十五日

相模守《北條高時》（花押）

前武藏守《金澤貞顯》（花押）」

一〇　北條高時安堵下知狀※

標葉郡中田村
標葉五郎四郎
清直
安堵御判

□《陸》奥國標葉郡内於中田□《村》、□《標》葉五郎四郎清直安堵御判、爲後日謹言上、

仍安堵御判下知如件、

元亨四年六月二日

相模守《北條高時》（花押）

相馬岡田文書

一一　相馬胤康讓狀

胤康所領を嫡子胤家に譲り渡す
下總國南相馬泉村金山上柳戸舟津行方郡岡田村八兎飯土江狩倉
嫡子胤家を惣領として手継證文等を相添へて譲り渡す
女子女房分は一期の後胤家が領知すべし
同じ手跡ならずば用ふべからず
御公事は田數に任せて配分すべし
不孝の仁には胤康跡を給ふべからず

ゆつりわたす一なんつる《(胤家)》かふんちとうしきの事、

合

しもつさの國ミなミさうまいつミのむら・かなやま・かミやなと・ふなつ、ならひにミつ《(陸奥)》の國なめかたのこをりをかたのむら・やつうさき・ゐゝといのかりくら一所、かのところ〳〵ハたねやす《(胤康)》ちうたいさうてんのしりやうたる間、ちやくしつる《(胤家)》をそうりやうとして、てつきのしやうらをあいそへて、ゆつりわたすところ也、たゝし二なんまこつる《(孫鶴)》にゆつりあて候、ねうし《(女子)》、をなしきねうはう《(女房)》にハ、つるかはからいとしてもたすへし、一こよりのちハつるかもつへし、いつれもをなししゆせきにあらすハ、もちいへからす、御くうしハてんすにまかせてはいふんすへし、このしやうをそむいて、いらんそせうをいたさんともからハ、ふけうのしんとして、たねやすかあとをたふへからす、よつてゆつりしやう如件、

元徳三年九月廿六日　　平胤康（花押）

一二　相馬胤康譲状

胤康子息等に所領を譲り与ふ

さためをくめん〳〵ゆつりのうちのたさいけ《田在家》の事、

合

二男孫鶴分

一、二なんまこつる《孫鶴》かふん、

しもつさの國ミなミさうまいつミに六郎入道か田八反小、くりはらまこた郎か田四反三百ふ《歩》、ミつの國《陸奥》なめかたのこをりをかたのむらに五郎ひやうゑ入道の田九反三合、た郎かくうち田貳町これをのそく、

三男そう一房分

一、三なんそう一房ふん、

をかたにさいとううち田八反、うきめんの田貳反、合壹町のそく、

女子分

一、ねうし《女子》ふん、

いつミにつしうち田四反半、をかたに平三た郎うち半分田壹町四反のそく、

女房分

一、ねうはう《女房》のふん、

いつミにむしなうち田五反小、をかたに平三た郎うち半分田壹町四反のそく、

下總國南相馬泉村金山上柳戸舟津陸奥國岡田村八兎飯土江狩倉四人分を除いた殘りはすべて胤家に惣領として讓り渡す
御公事は田數に任せて配分すべし
同じ手跡ならずば用ふべからず
不孝の仁には胤康跡を給ふべからず

右、この四人のふんをのそいて、のこるむら〳〵、いつミの村・かなやま・かミやなと・ふなつ、ミつの國おかたのむら・やつうさき・ゐゝといのかりくら一所、このむら〳〵のしんてんかうてんにいたるまて、のこりなく一なんつる《胤家》をそうりやうとして、ゆつりわたすところ也、御くうしハてんすにまかせてはいふんすへし、ゆつりありといふとも、をなしゆせきならすハ、もちいへからす、このしやうをそむいて、いらんそせうをいたさんともからハ、ふけうのしん《仁》として胤康かあとをたふへからす、よつていましめをく状、如件、

元德三年九月廿六日　　平胤康（花押）

一三　※相馬長胤着到狀

相馬長胤

「承《證判》候了、

同日　　平（花押）」

着到

相馬小六郎長胤

今月十日、自奥州行方郡令馳參候、仍着到、

元弘三年六月十一日

一四　官宣旨案

朝敵與同の輩以外の當時知行地を安堵す

左辨官下　陸奥國

應除（北條）高時法師黨類以下朝敵與同外、諸國輩當時知行地不可有依違事、

右、大納言藤原朝臣（萬里小路）宣房宣、奉　勅、兵革之後、士卒民卒（庶）未安堵、仍降　絲綸被救牢籠、而萬機事繁施行有煩、加之諸國輩不論遠近悉以京上、徒妨農業之條、還背撫民之義、自今以後、所被閣此法也、然而除高時法師黨類以下朝敵與同輩之外、當時知行地、不可有依違之由、宜仰五畿七道諸國、勿敢違失、但於臨時　勅斷者、非此限者、　國宜承知、依宣行之、

元弘三年七月廿六日　　大史小槻宿禰在判

少辨藤原朝臣在判

相馬岡田文書

一五　相馬長胤申状案※

長胤亡父胤盛後家尼の讓狀に任せ所領を安堵されんことを請ふ
相馬御厨內泉村
行方郡岡田村
相馬岡田文書九號參照

相馬小六郎長胤謹言上、
欲早任亡父相馬小次郎胤盛後家尼□母□讓狀、賜安堵　國宣、備向後龜鏡、下總國相馬御厨內泉村內田畠在家、陸奥國行方郡內岡田村內田在家等事、
副進、
一通　系圖
一通　讓狀案
右田在家等者、亡父胤盛重代相傳所領也、於然母堂令配分數男女子□〔元カ〕應□二年三月八日限永代讓與之□賜御〔外〕題、當知行于今無相違者也、早任□〔讓狀カ〕賜安堵　國宣、爲備永代龜鏡、恐ゝ□〔言上カ〕如件、
元弘三年十二月　日

一六　北畠顯家袖判下文

竹城保内波多谷村を胤康に領知せしむ

（北畠顯家）
（花押）

下　竹城保

可令早相馬五郎胤康領〔知〕□保内波多谷村事、

右人令領知彼所、守先例可致其沙汰之状、所仰如件、

建武元年八月一日

一七　北畠顯家袖判下文

黑河郡新田村を胤康に領知せしむ
相馬行胤跡

（北畠顯家）
（花押）

下　黑河郡

可令早相馬五郎胤康領知當郡新田村（相馬彌五郎行胤跡）事、

右人令領知彼所、守先例可致其沙汰之状、所仰如件、

建武二年三月廿五日

一八　相馬胤治譲状※

胤治所領を養子に譲り渡す
南相馬泉村の田在家
行方郡岡田村の田在家
御公事は田数に任せて勤むべし

ゆつりわたすさうまの七□たねはるかあとの事、しもつさのくにみなミさうまのいつミのむらうちせい太郎まこ太郎かたさいけ、みつ《陸奥》のくになめかたのこをりおかたのむらのうちいや二郎入たうかたさいけ、す《カ》んちうかたさいけ、いしんのこなきあいた、やうしのこにしてわらへにゆつるところなり、御くうしはてんしゆにまかせてつとむへし、仍ゆつりしやうくたんのことし、

けんむ《建武》二年十一月廿日　　たねはる（花押）

一九　相馬胤康譲状

胤康所領を子息胤家に譲り渡す
相馬郡泉村
行方郡院内八兎飯土江山竹城保波多谷
黒河郡新田村

しも□《つ》さのくにさうまのこほりいつミのむら、みちのくになめかたのこほりゐんない、そ《庶》し《子》ふんハのそく、やつうさき・ゐゝとへやま・たかきのはたや・くろかハのこほりゐゝ《にい》たのむら、しそく小二郎胤家にゆつりわたす候しやう、くたんのことし、

けんむ《建武》二ねん十二月廿日

平胤康（花押）

次號文書と一紙に寫す

二〇　相馬行胤着到狀寫※

校正了、
着到

右、相馬孫次郎行胤（大悲山）・子息又五郎朝胤相共、馳參宛初御方畢、仍着到如件、

建武貳年十二月廿日

承畢、御判

前號文書と一紙に寫す
行胤路次幷に鎌倉中で軍忠す

二一　某軍勢催促狀寫※

同前

相馬孫次郎行胤（大悲山）於路次幷鎌倉中、軍忠見知之間、尤以神妙候、右爲國楯築子息彌次郎光胤大將所□也、而屬彼手、守事書之旨、相催庶子等可□無二軍忠、於恩賞者、就注〔進〕□〔狀カ〕可令言□、

建武三年二月十八日

相馬孫次郎殿

相馬岡田文書

二二　※相馬長胤軍忠状

「（證判）大將軍　足利竹鶴殿
侍所大□（泉カ）九郎殿　教□」

長胤軍忠を注進す

目安條々
相馬六郎長胤申、
御敵對治（退）事、

一、一族等引別爲御敵之間、三月十三日押寄同心一族相共對治（退）畢、

黑木入道一黨福嶋一黨美豆五郎入道等謀叛を企つ

一、於宇多庄、同十三日黑木入道一黨・福嶋一黨・美豆五郎入道等引率數多人勢企謀叛、惣領代等押寄在所打取當所楯籠之間、同十六日馳向御敵二人（不知名字）打取令對治（退）畢、

廣橋經泰大將軍として小高館に押寄す

一、廣橋修理亮經泰爲大將軍押寄小高館、自同廿三日至于廿四日合戰之間、被打御敵其數引退畢、

標葉庄地頭等と合戰す

一、同廿七日標葉庄地頭等爲御敵馳向之間、差向致合戰之處、標葉彌四郎清兼・同舍弟彌五郎仲清・同舍弟六郎清信・同舍弟七郎吉清・同小三郎清高・同餘子三郎清久等、長胤舍

弟七郎胤春相共ニ召取之畢、然間胤春乘馬、若黨又三郎乘馬等被射斃畢、仍言上如件、

建武三年三月　日

二三　左衛門尉爲盛軍忠狀寫

胤康相模國片瀬で討死す若黨飯土江義泰討死す

相馬五郎胤康去月十六日合戰於片瀬令討死了、若黨飯土江彦十郎義泰於同所討死仕了、以此旨可有御披露候、恐惶謹言、

建武三年五月三日　　　　　　左衛門尉爲盛上

「承了、（證判）在判」

二四　れうくう※譲狀

れうくう胤元跡を岡田小二郎に譲り與ふ

ゆつりわたすよさうたねもとのあとのこと、ちやくしまこ四郎うちしにし候ぬ、しなんおにわかかしにつめられてしに候ほとに、おかたの小二郎との心さしおもひまいらせ候によつて、てつきのしやうともニゆつりわたすところなり、もしふしきにもたねもとのしそん

胤元の子孫あらば小二郎の計ひたるべし

候ハヽ、小二郎とのヽはからいとしてあてたふへく候、候ハすハ一ゑんに御ちきやうあるへく候、あまか御（後カ）しやうおもとふらいて給ハるへく候、よつてゆつりしやうくたんのことし、

けんむ（建武）三年六月廿五日　　れうくう（花押）

二五　某着到状※

着到

右、大將御發向之間、自寂前馳參御方候了者、賜御判爲備後日龜鏡、仍着到如件、

建武四年三月廿日

「承了（證判）、（花押）」

胤康子息胤家訴訟のため代官を進上す

二六　斯波家長擧狀案

相馬泉五郎胤康今者死去　子息乙鶴丸（胤家）申狀如此候、謹令進上之候、且爲訴訟進上代官候之由令申

胤康は去年討死す

候、且胤康去年奥州前司(北畠)顯家卿發向時、討死仕候訖、合戰之次第追可令言上候、以此旨可有御披露候、恐惶謹言、

建武四年四月十七日　　陸奥守(斯波)家長　上

進上　武藏權守(高師直)殿

長胤子息孫鶴丸
胤治子息竹鶴丸
成胤子息福壽丸
長胤胤治成胤は去年五月小高城で討死す

二七　斯波家長擧狀案※

相馬六郎長胤(今者討死)子息孫鶴丸・同七郎胤治子息竹鶴丸・同四郎成胤子息福壽丸等申狀三通如此候、謹令進覽候、且爲申給所領安堵候、進上代官候、且長胤・胤治・成胤等(北畠)顯家卿發向之時、去年(建武三)五月於奥州行方郡内小高城令討死候訖、此等子細追可令言上候、以此旨可有御披露候、恐惶謹言、

建武四年五月二日　　陸奥守(斯波)家長　上

進上　武藏權守(高師直)殿

二八　斯波家長請文案

胤康子息胤家軍忠により本領等を安堵されん事を請ふ
相馬御厨内泉郷手賀郷藤心郷
胤康鎌倉片瀬河で討死す

相馬泉五郎胤康今者討死子息乙鶴(胤家)□下總國相馬御厨内泉郷本領并手賀・藤心兩郷新田跡源三郎安堵事、

胤康者爲御方自奥州致軍忠、去年二・三兩月前代一族蜂起之時、散ゝ致合戰、同四月十六日奥州前司顯家(北畠)卿下向之刻、寂前馳向、鎌倉片瀬河討死訖、先度雖致注進、依無誓文、殘御疑貽候歟、將又討死無異儀候、此條僞申候者、八幡大菩薩可蒙御罰候、以此旨可有御披露候乎、恐惶謹言、

建武四年八月十八日　陸奥守家長(斯波)上

進上　武藏權守殿(高師直)

二九　相馬胤家代惠心申狀案

胤家代惠心行方郡院内村三分一を安堵されんことを請ふ
院内村は曾祖父胤顯の相傳所領なり

相馬新兵衛尉胤家代惠心言上、

欲早任由緒相傳旨宛給、陸奥國行方郡院内村三分壹事、

右地者、曾祖父相馬五郎胤顯相傳所領也、仍三男孫七入道傳領之後、數年知行之他界□(候カ)、

闕所たる由親胤注進し給人に付せらる
胤康斯波家長に従ひ相模國片瀬河で討死す
胤家行方郡の所々で合戰す
年未詳なれども建武四年か

爲闕所之由(カ)相馬出羽權守親胤進注進之間、被付給人云々、爰胤家亡父相馬五郎胤康、自寂前參御方致軍忠、奉屬斯波陸奥守殿(家長)于時彌三郎殿、建武三年四月十六日於相模國片瀬河打死畢、胤家又當國行方郡所々合戰若干致戰功之條、一見狀明鏡也、仍相待恩賞之處、殊(カ)被付給人之條(カ)不便次第也、雖爲少所、父祖爲跡上者宛給之、爲致奉公忠、恐々言上如件、

三〇　相馬胤家代祐賢申狀案

胤家代祐賢所領を安堵されん事を請ふ
相馬御厨内泉郷及び手賀藤心兩郷
行方郡岡田村八兎村飯土江狩倉矢河原竹城保内波多谷村
胤康討死す
胤家は石塔源藏人に屬す
年未詳なれども内容からみれば建武四年のもの

相馬泉五郎胤康今者討死子息乙鶴(胤家)丸代祐賢謹言上、
欲早重以御誓狀預御注進、施弓箭面目、下總國相馬御厨内泉鄉幷手賀・藤心兩鄉新田源三郎跡、奥州行方郡内岡田村・八菟(マヽ)村・飯土江狩倉一所・矢河原、同國竹城保内波多谷村事、
件條、先度具言上畢、今年建武四四月十七日下賜御吹擧狀、云本領安堵云申立恩賞之處、依無御誓文、御注進相殘御不審歟、可申重御注進之由、被仰出之間、令言上者也、於胤康者、致度々合戰高名、四月建武三十六日顯家(北畠)卿發向之時令討死畢、乙鶴丸者於奥州屬石塔源藏人殿、致合戰之上者、早預御注進蒙恩賞、爲備後代龜鏡、仍恐々言上如件、

三一　相馬胤家代妙蓮申狀案

胤家代妙蓮給地を賜はらん事を請ふ
相馬郡手賀藤心兩村

胤康鎌倉で兩三ケ度合戰し片瀬河で討死す
手賀藤心兩村は先祖本領たり

年未詳なれども內容からみれば建武四年のもの

相馬泉五郎胤康今者討死子息乙鶴(胤家)(丸)□代妙蓮謹言上、
欲早預一族一烈御注進、蒙恩□亡父相馬五郎胤康軍忠所預給地、下總國相馬郡內手賀・
藤心兩村新田源三郎跡已下所ゝ事、

副進、

一卷　胤康合戰幷討死一見狀

一通　預所幷由緒地注文

右、胤康去ゝ年建武二(斯波家長)陸奧守殿自奧州御發向之時、一族相共馳參河名宿、令對(退)治所ゝ城墎、
於鎌倉兩三ケ度合戰抽軍忠之條、目安明白也、而奧州前司(北畠)顯家卿下向之時、馳向片瀬河寂
前討死訖、然早預恩賞欲備後代面目、爰相馬郡手賀・藤心兩村者、爲先祖本領之上、胤康存
日依有殊忠、拔一族中宛于胤康身直預給訖、早欲宛給之、次上總國三直津・久良海・眞利
谷等鄉、常州伊佐郡西方者、爲度ゝ合戰賞預給一族中訖、次奧州行方郡□(由緒カ)地所令注進
也、早預御吹擧爲蒙御成敗、恐ゝ言上如件、

「(證判)(花押)」

三二　相馬竹鶴丸申状案※

胤治子息竹鶴丸恩賞を申請す
亡父胤治は小高城で討死す
重胤城郭を構ふ
重胤鎌倉に在り次男光胤を小高城に差置く
年未詳なれども内容からみれば建武四年のもの

相馬七郎胤治子息竹鶴丸謹言上、
欲早被經御吹擧預恩賞、亡父胤治於奥州行方郡小高城討死事、
右、胤治去〻年（建武二）（斯波家長）陸奥守殿御發向之時、一族相共馳參致所〻合戰畢、爰爲國中靜謐、相馬孫五郎重胤屋形構城墎、重胤者乍令在鎌倉、差置次男彌次郎光胤之處、凶徒等以大勢責來之由、依有其聞、胤治馳下致度〻合戰畢、而（北畠顯家）奥州前司下向之時、令討死畢、早被經御注進、爲預恩賞、恐〻言上如件、
「（證判）（花押）」

三三　相馬福壽丸申状案※

成胤子息福壽丸恩賞を申請す
内容は前號文書に同じ

相馬四郎成胤□
欲早預御吹擧蒙恩賞、亡父成胤□（奥州）行方□（郡小）高城討死事、
右、成胤去〻年（建武二）陸奥守殿御發向之時、一族相共馳參致所〻合戰畢、爰爲國中靜謐、相馬孫五郎重胤屋形構城墎、重胤者乍令在鎌倉、差置次男彌次郎光胤之處、凶徒等以大勢責

來之由、依有其聞、成胤馳下致度々合戰畢、而奥州前司下向之時、令討死畢、早被經御注進、爲預恩賞、恐々言上如件、

「（花押）」《（證判）》

年未詳なれども内容からみれば建武四年のもの

三四　石塔義房奉下知状

岩崎郡内の所領を勳功の賞として相馬岡田五郎跡に宛行ふ

陸奥國岩崎郡□事、爲勳功之賞任先□知行之狀、依仰下知如件、

建武五年四月廿四日　沙彌《（石塔義房）》（花押）

相馬岡田五郎殿跡

三五　沙彌性観書状

前號文書の裏文書

（前闕）

□以狀改事□候、尚以□候、□可有盡期候、兼又舊冬御□付候時、尤罷入見參候事、可□□候處、折節歡樂事候て、無其儀之條、于今歎入候、尚以□候、尤可然候、雖無何事候、向後細々可申候、又可承候、諸事期後信候、恐々謹言、

年未詳なれども姑くこゝに収む

正月十三日　　　　沙彌性観（花押）

□□〔謹上カ〕　相馬新兵衛尉（胤家）殿

三六　石塔義房（カ）感状写

度々被致軍忠之訖、尤以神妙、於恩賞者、追可有其沙汰候、仍如件、

建武五年七月廿四日　　　　沙彌　在判

相馬新兵衛尉（胤家）殿

横川城討落さる黒木并に靈山城退治

三七　石塔義房軍勢催促状

今月十四日被討落横川城之由、相馬出羽權守（親胤）注進訖、尤以神妙也、且爲對治（退）黑木并靈山城、忩可差遣軍勢之狀如件、

暦應元年十一月十七日　　　　沙彌（石塔義房）（花押）

相馬新兵衛尉（胤家）殿

相馬岡田文書

三八　相馬長胤後家着到状※

長胤後家下河邊庄合戰に代官を進ず

着到
相馬孫六郎長胤後家尼申
右、今年（曆應二）七月九日於下河邊庄合戰之時、寂前代官進了、仍着到如件、
曆應二年七月十六日
「承了、（證判）同廿日　左衛門尉重兼（花押）」

三九　相馬胤家代康國申狀案※

胤家代康國胤元跡の所領を返付されんことを請ふ

相馬新兵衞尉胤家代康國謹言上、
欲早任相傳道理、返給與三胤元跡奥州行方郡□内所領間事、
副進　三通　手繼讓狀等　案文
一通　斯波陸奥守（家長）殿御感□吹擧　案文

胤元跡を給人羽隅三郎に付けらる

胤家の父胤康斯波家長に屬し相模國片瀬河で討死す

武藏國小手差

二〇號及び二一號文書の裏文書

一通　石塔殿御感御下文

右、於與三胤元跡者、胤家相副手繼讓狀等、知行無相違之處、被召□主地被付給人羽隅三郎之條、不便次第也、爰胤家親□（父カ）相馬五郎胤康、自寂前御方馳參、屬斯波殿（家長）御手、先國司顯家（北畠）卿中下之時、建武三年四月十六日於相模國片瀬河□、陸奥守殿於當大將兩所御前討死仕畢、次胤家所々抽度々軍忠之條、一見狀等御吹擧明鏡上者、可望申恩賞之處、被召上相傳知行所領之間、愁歎無極哉、將又當大將當國御下向之時、武藏國小手差馳參御共仕畢、所詮被召上爲返給與三胤元跡、粗恐々言上如件、

貞和二年四月　日

四〇　某※奉書

大古曾九郎秀胤申、於行方郡□相馬出羽權守親胤、同新兵衛尉胤□（カ）殊使節□督
□遂參決、可被明申之由相觸之、可被注進□候、若難澁之時者、任
□可令注進候也、依仰如件、

貞和四年六月十□日

□（花押）

相馬岡田文書

相馬新兵衛（胤家）尉殿

四一　れうせう譲状※

れうせう行方郡岡田村の在家を胤家に譲り渡す
一期の後は知行せらるべし
悔返し
甥のため養子として譲る

ゆつりわたすあうしう（奥州）なめかたのこほりのうちおかたの村さいあミたふかさいけの事、
右のところハ、れうせうちうたいさうてんのちきやうふんにて候を、おい（甥）なるによて、さうまのしんひやうゑたねいゑニゆつりわたす、一このゝちハちきやうせられ候へく候、たゝし、れうせうそんしやうニ、心をもたかへられ候ハヽ、この状ニよるましく候、くりかへ（悔返）して別人にゆつるへく候、をいにてをハしますによて、やうしとしてゆつりわたす状如件、

貞和四年十月八日　れうせう（花押）

をかたの新兵衛（胤家）尉殿

四二　相馬胤家和與状※

和與

わよす、みちのくになめかたのこほりおかたのむらのうち、けいてうはうのちきやうふん、

行方郡岡田村内の田在家を相馬兵庫助へ避り渡す

平三郎入道の田在家事、さうまのひやうこのすけとのへわたし申候、仍爲後日わよの状如件、

貞和五年九月十五日　　胤家（花押）

四三　吉良貞家書下

行方郡岡田村内の田在家を胤家に返付す

陸奥國行方郡岡田村内法智平三郎壽□内等田在家事、爲無主地之由、就有其聞、雖付給人、相馬新兵衞尉胤家申披上所返付也、守先例領掌不可有相違之状如件、

觀應二年七月八日　　右京大夫（吉良貞家）（花押）

（押紙）吉良右京大夫貞家

四四　吉良貞家奉書

行方郡院内村を胤家に安堵す

陸奥國行方郡院内村事、任相傳之文書、知行不可有相違状、依仰執達如件、

觀應二年九月十五日　　右京大夫（吉良貞家）（花押）

相馬岡田新兵衞尉（胤家）殿

四五　吉良貞家奉書

竹城保内波多谷村を胤家に安堵す

陸奧國竹城保内波多谷村事、且依今度軍忠、且任本領相傳文書、領掌不可有相違之狀、依
仰執達如件、

觀應二年十月廿五日　右京大夫（吉良貞家）（花押）

相馬岡田新兵衛尉（胤家）殿

四六　陸奧國宣

陸奧國司北畠顯信胤家に參陣を要請す

（北畠顯信）（花押）

早速馳參致忠節者、本領不可有相違之上、有殊功者、可被抽賞之由仰候也、仍執達如件、

正平六年十二月十五日　右馬權頭淸顯奉

相馬新兵衛尉（胤家）殿

四七　相馬胤藤着到状※

胤藤着到を注進す
宇津峯麓石森陣

着到

相馬藏（マヽ）助胤藤軍忠事、

右、陸奥國宇津峯麓石森陳（陣）馳參、致忠節之處、五月四（日脱カ）彼楯令沒落上者、賜御判爲捧（マヽ）後講記（マヽ）

鏡、恐々言上如件、

文和二年五月　日

「承（證判）候了、（花押）」

四八　石塔義憲書下

竹城保內波多谷村を胤家に安堵す

□（陸）奥國竹城保內波多谷□、任相傳文書可令領掌者、守□（先）例可被致其沙汰之狀如件、

文和三年六月六日　左衛門佐（石塔義憲）（花押）

相馬岡田常陸守（胤家）（マヽ）殿

四九　相馬胤家譲状

胤家所領を嫡子胤重に譲り渡す
行方郡岡田村八兎村矢河原上鶴谷院内村飯土江狩倉一所竹城保内波多谷村
下總國泉郷薩間村増尾村の田在家
手繼證文ともに譲り渡す
堺は繪圖に任す

相馬胤家か重代本領たるあいた、嫡子五郎胤重にゆつりわたす所領村〻數事、
陸奥國行方郡内岡田村・やつうさきの村・谷《(矢)》河原・上つるかや・いんないの村・ゐゝとい
かりくら一所・たかきの保内波多谷村、下總國いつミのかう・おなしきさつまのむらのう
ちやまふし内・ますをのむらのうちいやけし入道か田在家、胤家重代本領たるあいた、か
の所を五郎胤重に、てつきせうもんともに、ゆつりわたす也、さかいハゑ《(繪圖)》んつにまかせて
知行すへし、仍爲後おきふミ如件、

貞治貳年八月十八日　　　平胤家
（花押）

五〇　相馬胤家譲状

胤家所領を嫡子胤重に譲り渡す
下總國南相馬泉村上柳戸金山舟津

ゆつりわたすちやくし五郎胤重に、しもつさの國ミなみさうまいつミのむら・かミやな
と・かなやま・ふなと、みちのくに行方郡内おかたのむら・やつうさき・ゐゝといかり

行方郡岡田村八兎飯土江狩倉一所矢河原上鶴谷竹城保内波多谷村手継證文ともに譲り渡す御公事は先例に任せて勤むべし

くら一所・やかわら・かみつるかや・たかきのほうのうちはたやのむら、
右、かのところハ、重代ほんりやうたるあいた、てつきせうもんともに、胤重にゆつりわたすところしちなり、もし男子女子にても候へ、いてきたるやから候ハヽ、もちいへからす、御くうしハせんれいにまかせてつとむへく候、仍ゆつり状如件、

貞治貳年八月十八日

平胤家
（花押）

五一　相馬胤家譲状

胤家所領を嫡子胤重に譲り渡す下總國薩間村増尾村の田在家手継證文ともに譲り渡す御公事は先例の如くたるべし

ゆつりわたすちやくし五郎□〔胤重カ〕、下總國さつまの村内やまふし□の田在家壹けん・ますをの□いやけし入道か田在家壹宇、合貳宇、てつきせうもんともに、ゆつりわたす處也、御公事ハ（マヽ）以下ハ先例のことくたるへし、仍ゆつり状如件、

貞治貳年八月十八日

平胤家
（花押）

五二　相馬胤家譲状

胤家所領を嫡子胤重に譲り渡す
行方郡院内村の田在家
御公事は先例の如くたるべし

ゆつりわたす五郎胤重に、みちのくに行方郡内いんないのむらの内上内下内の田在家、ミきかのところをゆつりわたす也、御公事ハせんれいのことくたるへし、仍ゆつり状如件、

貞治貳年八月十八日　　平胤家（花押）

五三　相馬※胤家避状

行方郡院内村

奥州行方郡内院内村内下之内孫三郎か息、壹石三斗蒔慥渡候畢、仍狀如件、

貞治貳年癸卯九月三日　　常陸介胤家（花押）

五四　斯波直持官途吹擧狀

宮內丞幷に敍爵所望

宮內丞幷敍爵所望事、所舉申也、可存知之狀如件、

貞治三年七月廿六日　　　　左京大夫（斯波直持）（花押）

相馬岡田五郎（胤重）殿

五五　吉良滿家官途吹舉狀

宮內大輔所望

宮內大輔所望事、所舉申也、早可存其旨之狀如件、

貞治三年八月三日　　　　中務少輔（吉良滿家）（花押）

相馬常陸五郎（胤家）殿

五六　吉良滿家感狀

羽州發向

羽州發向之處、㝡前馳參被致忠節之條、尤以神妙、此段可令注進之狀如件、

貞治三年八月十一日　　　　中務少輔（吉良滿家）（花押）

相馬宮內大輔（胤家）殿

（奥書）「岡田殿」

五七　散位某奉書

胤家に竹城保内の所領を安堵す

□（陸奥）國竹城保内畠□如元領掌不可□（有相カ）違之状、依仰執□（達如件カ）、

貞治六年九月廿一日　散位（花押）

相馬宮内大輔（胤家）殿

五八　相馬胤繁譲状

胤繁所領を嫡子胤久に譲り渡す
相馬郡泉村上柳戸金山舟津増尾村薩間村田在家
陸奥國岡田村院内村八兎飯土江狩倉一所上矢河原上鶴谷

ゆつりわたすちやくしつるわかまる（胤久）ニ、しもつさの國さむまのこほりの内ミなミさむまいつミのむら・上やなと・かなやま・ふなつ、ならひニますをのむらの内いやけんし入道か田さいけ一けん、おなしきさつまのむらにやまふし内の田さいけ一けん、みちの國おかたのむら・いんないのむら、たゝしそし（庶子）ふんをのそく、やつうさき・ゐゝといかりくら一所・上やかわら・上つるかや、かのところ〳〵ハ、胤繁か重代の本りやうたるあいた、ちや

くしつるわかまるニ、一ゑんにゆつるところなり、御くうしハせんれいにまかせてつとむへし、仍ゆつり狀如件、

御公事は先例に任せて勤むべし

康曆三年五月廿四日

平胤繁（花押）

五九　相馬胤繁讓狀案

前號文書の案文

ゆつりわたすちやくしつるわかまるニ、しもつさの國ミなミさむまいつミのむら・上やなと・かなやま・ふなつ、ならひニますをのむらの内にいやけんし入道か田さいけ一けん、おなしきさつまのむらにやまふし内の田さいけ一けん、みちの國ニおかたのむら・いんないのむら、たゝしそし（庶子）ふんをのそく、やつうさき・いゝといかりくら一所・上やかわら・上つるかや、かのところ〳〵ハ、胤繁か重代本りやうたるあいた、つるわかまるにゆつりわたすところなり、御くうしハせんれいにまかせてつとむへし、仍ゆつり之狀如件、

六〇　相馬胤繁譲状

胤繁所領を女子三人に譲り与ふ
院内村
姉かめつる
中姉まついぬ
上矢河原
妹□小くろ
後家
親の遺言に背かば惣領胤久の計ひたるべし
一期の後は嫡子胤久知行すべし

ゆつり状をあたうるによし〔女子〕三人の事、
いんないのむらに下内おハあねかめつる、□太郎入道かさいけおハ中あねまついぬ、上
やかわらいや平二郎かさいけをハいも□小くろにとらするなり、こけ〔後家〕にハとうない二郎
かさいけおとらするなり、いつれ〳〵も□けんになりて、このところをちきやうすへき
なり、この中一人もふてうなるふるま□にて、おやのゆいこんをそむかハ、そうりやう
つる〔胤久〕わかかはからいたるへく候、たゝしめん〳〵いちこ〔一期〕より後ハ、ちやくしつるわかちき
やうすへく候、仍ゆつり状のおもむき如件、

康暦〔三脱カ〕年五月廿四日　　平胤□〔繁〕（花押）

六一　相馬憲胤名字状

胤久元服す

眼〔元〕服

相馬小次郎胤久
永徳二年卯月廿七日
治部少輔憲胤（花押）

行方郡簀播野坊中
小高九日市場
鹽竈神田
大悲山善王殿

六二　刑部阿闍梨賢範置文※

奥州行方郡内簀播（カ）野坊中、并寄進所小高九日市場後田三斗蒔田中在家、楯前田壹町大田鹽竈神田事、賢範一期之後者、大悲山善王殿可有相續之状如件、
明徳元年十二月六日
刑部阿闍梨賢範（花押）

胤重所領を孫胤久に譲り渡す
行方郡岡田村飯土江村八兎村院内村矢河原鶴谷竹城保内波多谷村

六三　相馬胤重譲状※

□（ゆカ）つりわたす状、
□（みちカ）のおくの國なミかたのこほりのうちお□（かカ）たのむら・いゝとゑのむら・八うさきのむら・ゐん□（なゐカ）の村・やかわら・つるかや・たかきのほう□（のカ）うちはたやのむら、かのところハ浄賢（カ）の□相傳の地を、まこつるわか丸（胤久）ニ代□證文ともにあひそへて、一ゑん

兄弟ありといふともこの外譲りあるべからず

ニゆつ□〔り わカ〕たすところ實也、たゝし、おかたのむら□まうちの在家八反をハのそく、□□すところなく、ゆつりニまかせて知行ある□〔へカ〕し、たとひ兄弟ありといふとも、この外□つりあるへからす、□ゆつりニ□傳知行あるへく候、仍讓状如件、

明徳三年壬申二月十八日

〔相馬胤重〕（花押）

胤久と大瀧帶刀左衛門尉行方郡伊内村の在家について相論す　御公事以下は先例を守るべし

六四　※相馬憲胤知行安堵状

行方郡伊内村之内、岡田宮内大夫與大瀧帶刀左衛門尉相論在家之事、手繼相續無相違之上、當知行間、不可有相違候、御公事以下事等、守先例可被致沙汰候也、仍如件、

應永元〔年脱カ〕二月一日　治部少輔〔相馬憲胤〕（花押）

岡田宮内大夫〔胤久〕殿

胤久所領を嫡子胤行に讓り渡す

六五　相馬胤久讓状

奥州行方郡内岡田村并上つるかや□并いん内村并下やから〔わ脱カ〕の村并やつうさきの□〔村〕并くさ

行方郡岡田村上鶴谷村院内村下矢河原村八兎村草野飯土江村竹城保内波多谷村代々手継證文を添へて惣領分を譲り渡す
胤行に子なくば弟相継ぐべし
一期分は譲るとも永代譲るべからず
掟を背かば父子敵對の咎たるべし

の丶い丶との村〔い脱カ〕弁たき〔か脱カ〕のほうの內はたやの村、これハ宮內大夫胤久之重代さうてんの所り
やうたり、さる間ちやく子とよつる〔胤行〕丸に、代々のてつきせうもんをあいそへて、山野かう〔江〕
か〔河〕ともに、そうりやうふんをゆつりわたす處實也、もしとよつる丸子なくハ、おと丶あい
つくへし、たとい子あまたありとゆうとも、一こふんハゆつるとも、ゑいたいゆつるへか
らす、このおきてをそむかハ、ふしてきたい〔父子敵對〕のと〔咎〕かたるへし、
仍爲後日ゆつり狀如斯、
應永九年ミつのへむま五月十二日
胤久（花押）

六六　相馬胤久譲狀

胤久妻に一期分として行方郡岡田村内の田在家を譲り與ふ

豐鶴の母の譲状

奥州行方郡內岡田村之內ゆ□たさいけ、一こふんゆつりあた□ころ實也、さいほうの
事ハ□へし、けんそくハとよつる〔胤行〕丸と□かうあつてわけへく候、このむね□一ふん
もそむ〔く脱カ〕へからす、よて後日〔の　たカ〕□めにゆつり狀如斯、
とよつるのは丶のゆつり狀なり、

相馬岡田文書

應永九年ミつのへむま五月十二日

胤久（花押）

六七　岡田左京亮沽却状

本錢返しに賣渡す

年未詳なれども姑くこゝに収む

□仍而下之内のさいけ□ほんせん返しニうりわた□
□くもつさた申候て、廿五くわんニありあい□さいけこくち物、
□この内ニ百文ゐしろてましろ（カ）ニ□五そく一こくたい九斗、□
□のせん〳〵一升十文一七月七日しろ（カ）□五文七月十四日□こめ三はい□かたに（カ）□
□もいふかほ一あ□ちいこめ二升こん□こう、またハあきはつうこめ一升、□
□十二月をうはん、へ（カ）いかきかやにん□かたに□かる（カ）□かたにこめ三はひ、めん
鳥一、むまの□まめ三はい、山之いもとくろすミかたに、□かたに、この内ちん
とう（カ）のくちまてあいそへ候て、□すうり申候、十二月そうちせん卅五文□んねん
すき候ても、そのとしのやくもつつとめ候て、□け（カ）へし、

□四年きのへ子十月廿九日　□（花押）

おかた
さきやう助（マヽ）（相馬胤行カ）

蔵本帯刀

くらもとたちはき
とのへ参

男子なきにより親類同心に嫡女に契約す
所領の事は女子の御計ひたるべし

六八　岡田盛胤契約状※

申定候契約状事、
右、大久之次郎□郎政胤、男子を御もち候ハんによつて、親類同心ニ、私をかの嫡女ニ致契約を、御代官を可仕由蒙仰候之際、御意ニ所随候、若男女之ならい瑞（マヽ）別申事候者、彼所領之事ハ、女子之御はからいたるへく候間、いろい申すましく候、仍為後日契約如件、

岡田之次郎三郎盛胤（花押）

享徳三年甲戌八月廿三日

六九　相馬信胤質券

（端裏書）
「長徳寺　進□」

相馬岡田文書

質

前〻しちをあまたおき申候ふんに、せきねのさひけを方、又當年ミつのとのいの年よりか
の□（ヘカ）むま之年まて、八年やつ（カ）くりむけ申候、

一、年具（マヽ）二貫五百文　一、石代□
一、麥石代二斗　一、於十七□
一、正月もち一まひ　一、三月代三十五文
一、五月三十五文　一、七□（月）七日ひに廿文
一、七月ほんりう三はひ　一、つゝき□三はひ
一、すミはんへひ　一、薪かた□
一、へいかきかや一た　一、きしのへはん分
一、月毎にむま人十五日　一、しはす□三はひ

質の數

しちのかすハ、具足馬よろひの□錢とふきんこはかま太刀一、ちうかつかひの代二百文、
いつれもけし申候、此内に所務かけ申候ハんする處をハ、うしろを談合申へく候、爲後日
狀如件、惣而此内地内の年質物不殘うり申候、

文龜三年癸亥六月廿六日　前伊與（マヽ）守信胤（花押）

藏本長德寺

藏本長德寺進候

本錢返

七〇　相馬信胤沽却状

四貫文本錢返之状之事、

右文之趣者、きのね田ニ三斗□二郎ひやうへつくりのそはニ一斗□き、又そのきたニ一斗まき、合て五斗□なつハりハきのね田の内二まい、又寺之下ニ道よりきた二一まい、合て三まいうりわたし候、年紀□〔あ　きカ〕五斗うりは〔カ〕たし候、年過候ハ、有相うけ候へく候、

爲後日□

文龜四年甲子四月七日　　信胤（花押）

質の分

七一　相馬義胤質券

しちのふんの狀之事、

右□〔お　もカ〕むきハ、なか□しちニおき候て、代を三貫文□もしねんないふさた申候ハ、、□たんかう〔談　合〕可申候、爲後日狀如件、

永正十五年つちのへとら六月□日　　義胤（花押）

平《はけ》駄二郎方へ

七二　相馬基胤沽却状

（本銭返）

六貫文本銭返之状之事、

右ふミのおもむき、ひかし山田いなりまゐニ五斗まきを、明年きのへむまの年よりきたる

（十年十作）

ミつのとの卯之年まて、十年十作を六貫文ニ本銭かゑしニうりわたし候、ねんきあき候ハ、、ありあいニ代をたて候へく候、為後日之状如件、

天文二年癸巳八月廿日　　基胤（花押）

與《まち》七へ

七三　相馬義胤避状

（端裏書）「岡田義胤　木幡藤十郎」

所帯の押書の狀
屋敷

こはた彦藤十郎方へ所帯之あつしよの狀、同名しんゑもんの所帯之內、いないくほ田二石二斗まき、末代わたしおき候、そなたの心中ちかハす奉公あるへく候、やしきハくらのさきのやしき寺やしきのひと內（カ）かけす、又右馬の內之《の》やしききたニついてひとうち、なか嶋《しま》ニひとうち、にしたいひとうち、はたけやしきニほか五ヶ所わたしおき候、爲後日狀如件、

天文二二年乙未十二月廿日　　義胤（花押）

木幡藤十郎方へ

治部大輔茂胤

七四　相馬盛胤名字狀

治部太輔（マヽ）茂胤

□年正月十二日

平盛胤（花押）

□治部太輔（マヽ）殿

七五　相馬系圖

相馬系圖

□——胤村——後家

胤村
- 胤氏
- 五郎 胤顕
- 六郎左衛門尉 胤重
- 十郎 有胤
- 彦二郎 師胤
- 九郎 胤朝
- 孫四郎 胤實
- 與一 通胤
  - 孫二郎 行胤　行胤跡正中□ 奉行人□
  - 栖(マヽ)葉女子 女子　義絶也
  - 鶴夜叉 女子　論人
- 彦五郎 胤門

栖葉女子は義絶

栖葉女子は大悲山文書二號では標葉女子とあり

論人

七六　相馬岡田系圖

相馬岡田系圖

- 胤村（孫五郎左衛門尉）
  - 胤氏（次郎左衛門尉）
  - 胤顯（五郎）
    - 胤盛（小次郎）
      - 胤□（五郎）
    - 胤兼（孫六）
    - 胤俊（十郎）
    - 宗胤（孫七）
    - 兼胤（與次）
    - 胤元（與三）

大悲山文書

一　關東下知状

胤村跡を鶴夜叉丸に領知せしむ
行方郡大悲山村

□早平鶴夜叉丸領知陸奥國行方郡大悲山村事、

□父左衛門尉胤村跡、爲未處分所□也、早守先例可令領掌之状、□（依仰下カ）知如件、

文永九年十月廿九日

相模守平朝臣（北條時宗）（花押）

左京權大夫平朝臣（北條政村）（花押）

二　相馬通胤讓状

幕府外題安堵を與ふ

（外題）「任此狀可令領掌之□、依仰下□（知如件カ）、

通胤所領を子息行胤に譲り渡す
行方郡大悲山村小嶋田村竹城保内長田村妹鶴夜叉に長田村内蒔田屋敷并に田を永代譲り渡す
行胤妹標葉女子は不忠により義絶す
譲状に背き違乱致さば行胤分を鶴夜叉申給はるべし
御公事は先例に任せて勤むべし

正和三年三月四日　相模守《北條熙時》（花押）」

譲渡　孫次郎行胤分
在陸奥國行方郡内大悲山村・□《小嶋カ》田村并竹城保内長田村内蒔田屋敷地頭□、
右件所者、通胤か重代相傳之所領也、しかるを、子息□《孫カ》次郎行胤に、両度の御下文おそゑ
て譲渡所也、但妹鶴夜叉に譲渡長田村内蒔田屋敷并田者、かやのりの神田のかミのくろお
西ゑとをして蒔田屋□《敷カ》へさ、東ハ竹城河、西はたかやのりの神田のかみのくろより北へ
とをし、石六か田堺まて、永代おかきりて譲渡所也、次しねはの女子行胤か妹これありと
いへとも、ふてう《不忠》をけんするによて、なかくきせ《義絶》つし畢、そのむねを存知すへし、小嶋田
・長田両村一紙の御下文

（紙継目裏花押）

□中あいた行胤にあつけおく所也、かやうに御下文あ□んとて、譲状おそむきい覽《違乱》おい
たすものならハ、もつこのて《マヽ》□人として、行胤分お鶴夜叉申給わるへし、御公事□におき
てハ、先例にまかせてつとむへし、通胤存□面〻に譲状おかき、安堵の御下文お申下上
へハ《マヽ》、い覽《違乱》をいたすへからすして知行すへし、仍後日のために證文譲状如件、

（紙継目裏花押）（相馬通胤）

正和貳年癸丑十一月廿三日　　平通胤（花押）

尼明戒知行分を行胤に打渡す
行方郡大悲山小嶋田村内田在家高城保長田村蒔田屋敷岩見迫田在家等

三　相馬政胤打渡状

打渡
陸奥國行方郡大悲山幷同郡小嶋田村内田在家、同國高城保長田村蒔田屋敷岩見迫田在家
等事、
右、任御下知御教書之旨、相馬彌次郎胤俊相共莅彼所〻、究明尼明戒知行分、所打渡于相
馬孫次郎行胤也、仍渡狀如件、
建武元年十一月一日
平政胤（花押）

行方郡大悲山を行胤に安堵す

四　陸奥國宣

（北畠顯家）
（花押）
行方郡□〔大悲〕山事、如元可令領知者、依　國宣、執達如件、
建武二年七月三日
右近將監淸高奉

相馬孫次郎（行胤）殿

五　相馬重胤打渡状

行方郡大悲山を行胤に打渡す

打渡

相馬孫次郎行胤申行方郡大悲山事、被仰下候　國宣趣、莅彼所沙汰付行胤候畢、仍渡状如件、

建武二年七月廿八日

平重胤（花押）

六　相馬重胤譲状

重胤大悲山朝胤女房に行方郡岡田村の田在家を譲り渡す

重胤か女子大ひさの五郎（朝胤）殿女房ニゆつりわたす田在家事、

陸奥國行方のこほりおたかの村の内九郎左□給分の田在家壹けん、ゆつりわたすところなり、仍ゆつり状如件、

建武二年十一月廿日　　　平重胤（花押）

七　相馬朝胤軍忠状

朝胤軍忠を注進す
惣領親胤の手に屬す
楢葉八里濱合戰
標葉庄小丸城口羽尾原合戰
標葉庄立野原合戰
高瀨林合戰
行方郡小池城
□嶋田原合戰

□又五郎朝胤申軍忠事、

□大將藏人殿御下向之間、馳參三箱湯本、爲靈〔山搦カ〕□手屬惣領親胤手、四月一日〈建武四〉楢葉八里濱〔合戰カ〕□懸先畢、

同二日標葉庄小丸城口羽尾原合戰、懸先切捨一人□楯籠于小高城處、同九日寄來數輩凶徒等、同朝胤敵一人射之、同十日朝胤敵一人射之、幷家人兵衞四郎敵一人射之、爰數輩凶徒等切入東壁間、朝胤捨身命塞戰□敵了、同夜出張馳向東手、數輩凶徒□中《江》懸入、敵一人射取了、仍家人江多里六郎太郎入道討死了、同小嶋田五郎太郎・同孫五郎被疵了、□合戰朝胤敵一人射之、

□日標葉庄立野原合戰、搦手懸□懸先、切捨一人了、乘馬被切頭、朝胤左手被疵、

同十五日高瀨林合戰致忠了、同廿日行方郡小池城□嶋田原合戰致忠了、

小池城夜討合戰

六月廿五日數輩凶徒等□向城間、敵一人射之、同廿七日□小池城夜討合戰、家人小野彌三郎懸入東内、致散〻合戰、追散凶徒令放火了、依被疵上者、朝胤度〻軍忠□《異カ》于他者也、然早賜證判爲備後訴目安如件、

建武四年八月　日

「承了《證判》、(花押)《相馬親胤》」

八　相馬行胤讓狀

行胤子息朝胤に所領を譲り渡す

行方郡大悲山村小嶋田村竹城保長田村内岩見迫□屋敷地頭職等

軍忠の上は恩賞給はるべし

女子等は朝胤の扶持たるべし

讓與　しそく二郎ひやうへともたねのふん、

ミちのくになめかたのこほりのうち大ひさんのむら・をしま□《たカ》のむら、とうこく《同國》たかき□《のカ》ほうなかたのむらのうちゆハミのはさま□のやしきの地とうしき等事、

右所りやうとうハ、明圓《行胤》ちう代さうてんのところ也、しかるに、てつきのしようもんそへて、ともたね一子た□《るカ》あいた、たのさまたけなく、ゑいたにゆ《い脱カ》つりわたすところなり、はた又明圓御かたとしてくんちうのうへハ、さためてをんしやう給ハるへし、これもて一ゑんにちきやうすへし、たゝし、女子等ありといへとも、さい所ふちうなり、もしいてきたらハ、ともたねか□《ふカ》ちにてあるへし、それもともたねかめいをそむき、ふてう《不忠》ならハ、明

不忠ならば不孝の女子として扶持を加ふべからず

圓かふけう(不孝)の女子として、ふちをくわへへからす、仍爲後日の讓狀如件、

建武四年丁丑十一月廿一日　沙彌明圓(相馬行胤)(花押)

九　相馬朝胤申狀

朝胤所領を安堵されん事を申請す

行方郡大悲山小嶋田竹城保長田村内蒔田屋敷

相馬次郎兵衞尉朝胤謹言上、

欲早任代〻手繼證文旨、下賜安堵御判備末代龜鏡、當國行方郡內大悲山幷小嶋田・竹城保長田村內蒔田屋敷事、

副進　系圖　手繼證文　御下知等案

右彼所〻者、爲朝胤重代相傳私領、當知行無相違之上者、任手繼證文之旨、下賜安堵御判、爲備末代龜鏡、恐〻言上如件、

(裏書)「任此狀、可令領掌之由、依仰下知如件、

建武五年五月六日　沙彌(石塔義房)(花押)」

石塔義房

一〇　沙彌某等連署奉書

行方郡大悲山小嶋田兩村を朝胤に安堵す

相馬次郎兵衛尉朝胤申、行方郡大悲山・小嶋田兩村事、云本領云手繼證□〔文〕、無相違之上者、
如元可被知□〔行之カ〕狀、依仰執達如件、

康永二年十一月七日　　左衛門尉（花押）

沙　彌（花押）

相馬次郎兵衛尉〔朝胤〕殿

一一　相馬朝胤着到狀

宇津峯御退治野槻城

着到

相馬次郎兵衛尉朝胤

右、爲大將宇津峯御對〔退〕治御發之間、於路次令供奉、至于野槻城當參令勤仕候畢、仍着到如件、

康永三年六月十八日

「承了〔證判〕、（花押）〔吉良治家〕」

一二　伊賀光泰等連署召文

朝胤竹城保長田村内田畠屋敷について訴訟す

□□〔次〕郎兵衛尉朝胤申、陸奥國□〔竹〕城保長田村内田畠屋敷事、訴狀如此、早企參上可被明申之由候也、仍執達如件、

貞和二年九月十七日　沙彌〔伊賀光泰〕（花押）

散位

留守美作前司殿

留守美作前司を召喚す

一三　吉良貞家等連署擧狀

朝胤恩賞を望み參洛を企つ

相馬次郎兵衛尉朝胤申恩賞事、

申狀幷具書案壹卷謹進覽、子細載于狀候、朝胤企參洛、可言上由雖申之、爲凶徒對〔退〕治留置候之間、進代官候、以此旨可有御披露候、恐惶謹言、

貞和三年四月二日

進上　武藏守殿(高師直)

右馬權頭國□(吉良國氏)(花押)

右京大夫貞家(吉良)(花押)

行方郡小嶋田村を朝胤に安堵す

一四　吉良貞家安堵狀

陸奥國行方郡內小嶋田村事、任相傳文書之旨、如元可令知行之狀如件、

觀應二年十月九日　右京大夫(吉良貞家)(花押)

相馬次郎兵衛尉殿(朝胤)

大悲山氏系圖

一五　大悲山系圖

胤村（相馬五郎左衛門尉）
- 胤氏（次郎左衛門尉）
- 通胤（與一）
  - 行胤（孫次郎　法名明圓）
    - 朝胤（次郎兵衛□）
  - 女子（□）

女子
鶴夜叉丸

相馬之系圖

△氏神
●妙見大菩薩　尊星王
△平姓
△相馬之系圖
△幕紋　繋馬
△家紋　九曜星

△人王五十代、
●●●桓武天皇　光仁天皇太子、延暦元年卽位、號柏原天皇、大同元年三月十七日崩、御年七十、

仲野親王　式部卿、

宣子內親王

班子女王　宇多國母、

葛原親王　第五王子、一品式部卿、諱高明、仁壽三年六月四日薨、御年六十八、

●高棟王　大納言、子孫公家也、號西洞院、

良峯安世　大納言、

素性　俗名左近將監玄利、哥人、

遍昭　俗名宗貞、哥人、號花山僧正、

經成

好風　左中將、

貞文

高見王 無位無官、

高望王 上總介、從五位下、寛平元年五月十二日自 宇多天皇始賜平朝臣姓、

良望 鎭守府將軍、改國香、 ― 貞盛 號平將軍、

維衡 上總介、 ― 正衡

維將 從四位下、肥前守、 ― 維時 從四位下、上野守、

繁將 ― 維茂 號與五將軍、越後城太郎祖、

直方 從五位下、上總介、 ― 維方 ― 時方 北條四郎、

時家 北條、四郎太夫、 ― 時政 北條小四郎、遠江守、

義時 從四位下、陸奥守、相模守、 ― 泰時 正四位、武藏守、

正度 正五位下、左衞門尉、 ― 正盛 從五位下、讃岐守、左衞門尉、

忠盛 刑部卿、正四位、 ― 清盛 入道相國、

重盛　正二位、左大將、號小松內大臣、

良將　從五位下、上總介、鎭守府將軍、

將門　相馬小次郎、自號平親王、（朱筆）「相馬祖」

將望　太郎、號將軍、早世、

將國　相馬小次郎、

將賴　御厩戸三郎、

將平　葦屋四郎、

〰〰〰〰〰〰〰〰

將經　千葉五郎、以上號相馬五黨、

將風　伊賀六郎、

將文　相模七郎、

將俊　八郎、

將武　九郎、

將成　十郎、

將柄　與一、

相馬之系圖

将爲　與次、以上十二人各實子、

良兼　上總介、 — 公雅　從四位下、武藏守、 — 致頼

致經 — 致房　號賀茂二郎、 — 行政　平三郎、

忠政　長田四郎、 — 景致

良銤　鎭守府將軍、多氣・吉田・眞壁・東條・豐田・小栗・小田賀・嶋崎等祖、

良文　鎭守府將軍、村岡五郎、 — 忠輔　嫡男、早世、

良持　有子孫、

忠頼　村岡次郎、駿河守、鎭守府將軍、知領上總・下總・武藏、繼將門跡、

将恒　中村太郎、秩父・畠山祖、 — 武基　武藏守、

武常　葛西・豐嶋祖、

武綱　十郎、伊與（マヽ）守、 — 重綱　下野權守、

重弘　秩父太郎大夫、

重能　　重忠　畠山庄司次郎、　　重保　六郎、

女　千葉介常胤室、

有重　別當、　　重成　稻毛三郎、　　重政　小澤、

●忠常　下總介、四郎、千葉祖、始居住上總國上野鄕、後遷住下總國千葉、

●忠尊　山中惡禪師、笠間・土肥・土屋之祖、

〰〰〰

忠光　村岡三郎、駿河守、

●忠通　村岡平太夫、小五郎、將軍、三浦・鎌倉・長尾・長江・梶原・大庭・田村・海老名等祖、

常將　千葉介、小次郎、從五位下、武藏押領使、

常長　千葉四郎大夫、千葉介、八幡太郎義家奥州十二年合戰之時、甲兵七人之内先陳(マヽ)之大將也、

●常兼　千葉大夫、從五位下、又號千葉太郎大夫、繼常長遺跡、

依　鳥羽院勅定、元永年中以後補當庄検非違使、

常晴　相馬五郎、上總介、

常澄　上總權介、

常尊　相馬六郎、

常範　佐賀二郎、

常宗　岡濱四郎、

常房　鴨根三郎、

常餘　原四郎、

常益　栗飯原、

常能　金原庄司、

常景　伊北新介、

常仲　伊北庄司、

廣常　上總權介、頼朝被誅、

義胤　太郎、

女　小笠原二郎長佐室、

女　伯耆守室、

秀胤　上總權介、實朝被誅、

於上總國一宮大柳館、寬元五年六月六日自殺、

定常　上總介、

常秀　下總前司、秀胤弟、

時常　次郎、秀胤弟、自殺同兄、

時秀　上總式部大輔、自殺同父、

政秀　修理亮、自殺同父、

泰秀　五郎左衛門、自殺同父、

秀景　六郎、自殺同父、

秀常　天羽庄司、

直胤　同庄司次郎、

常晴　相馬九郎、

賴次　金田小大夫、

常重　千葉介、從五位下、又號千葉大介、檢非違使同父、

常安　臼井六郎、

常綱 坂八郎、

文國 相馬小太郎、住常州信田、 ― 賴望 信田小太郎、 ― 常望 同小太郎、

將長 同小太郎、 ― 長望 同小太郎、 ― 兼賴 同小太郎、

常胤 千葉介、検非違使同父、元永元年五月廿四日誕生、母平政幹女、賴朝之時補任下總國守護職、

治承四年八月廿四日源賴朝相州石橋山合戰敗退之後、同廿八日從同國土肥眞名鶴崎掉小舟被赴安房國、而九月七日爲賴朝之專使藤九郎盛長(安達)後號秋田城介至千葉館間、廼招入客亭、常胤・〻正以下愚息相共對面盛長、委細雖述嚴旨、常胤暫不發言、胤正・胤賴等申云、亡父祖之怨敵欲被再興源家、殊最初有召爭不被應嚴旨乎、可奉領狀之奉書云〻、于時常胤無異儀令承諾、而及勸盃數獻、常胤申云、當時御居所非要害地、又非御嚢跡之間、速可令出相州鎌倉給、引從常胤一族等可參向御迎之由申送、

同十三日當國目代平家方人也、可誅彼等之由、愚息等申之間、押寄彼館之處、目代元自有勢者也、仍數千軍士爲防戰時、北風頻扇之間、回僕從等於館後放火家屋燒亡失度之處、胤賴獲目代首、

同十四日同國千田庄領主判官代親政刑部卿忠盛之婿平相國清盛通志者也、聞被目代誅伐之事、襲來常胤居館之間、愚息等相向于幸爲防戰、孫子成胤生虜親政、

同十七日賴朝被到着下總國之間、嫡男胤正・相馬次郎師常・武石三郎胤盛・大須賀四郎胤信・國分五郎胤通・東六郎大夫胤賴・嫡孫小太郎成胤等并相具郎(從脱カ)率三百餘騎於同國府拜謁、

而先令備覽囚人判官代親政、其後獻馱餉、賴朝感悅之餘、招寄常胤於座右、自今以常胤爲父之由有約語、次一弱冠號毛利冠者賴隆爲御贈物、是陸奥六郎義隆男也、父者、去平治元年二月於天台山龍華越、爲左馬頭(源義朝)弃命時、賴隆產生之後、僅五十餘日也、永曆元年二月仰常胤被配流下總國、

賴朝數日被逗留下總國府之後、十月二日乘常胤用意之船、渡太井・隅田兩河給之時、及從兵三萬騎、圍前後被出武藏國、

同三日依賴朝嚴命遣悪息・郎從等、上總國伊北庄司常仲伊北新介常景男、伴類等悉誅伐之彼常仲依長佐六郎外甥被誅、之

同六日被出相模國之時、常胤供奉後陳(マヽ)、

同廿二日於同國府、賴朝始賜勳功之賞自他二十人餘、

養和二年三月九日賴朝御臺所(北條政子)着帶之時、依嚴命、常胤妻進獻帶、

壽永元年八月十八日同若公賴家誕御之時、七夜饗應沙汰之、父子七人相共着侍之坐上、着白水干袴、胤正母儀爲御前倍(陪)膳而捧進物、御甲胤正・師常舁之、御馬置鞍胤盛・胤信牽之、御弓箭胤通、御劒胤賴持參之、賴朝殊以感悅、容儀神妙之旨被美談、

平家追討之時、屬大手大將蒲冠者範賴發向、而九州之事被仰付範賴、大小事可加常胤評談由、有嚴旨、壽永三年正月廿九日發京洛而、同二月五日到攝津國一谷合戰之時自大手攻入、重爲征伐平家赴西海之時、元曆元年八月六日於賴朝殿中終日有餞別、勸盃之後賜駿馬、同八日再屬大將範賴發鎌倉而、數月逗留九州中、自賴朝被贈範賴狀云、千葉介コトニ軍ニモ高名シテケリ、大事ニセラレ候ヘシ、末略之、又云、千葉介常胤不顧老骨、堪忍旅泊之條殊神妙、拔傍輩可賞翫者、於常胤大切者、生涯更不可

盡報謝云々、末略之、
文治元年九月廿八日賜下總國三崎庄片岡八郎常春跡、
同三年比、洛中群盜蜂起之間、可相鎭之旨被
下　院宣之間、可上洛之由、依嚴命下河邊庄司
行平・常胤兩人上洛之時、被贈帥中納言(吉田經房)狀云、
上略、於東國有勢者ニ候之間、相憑此勇士等
候、自餘事者知候ハス、武士等中狼藉此兩人
輒可相鎭候、見計器量候云々、而洛中相鎭歸
參之處、及　叡感之條、最於賴朝爲眉目之由
被感謝、
文治四年七月十日若公七歲始被着御甲之時、
奉着之、胤正・師常持參御甲櫃、諸大名群參、
同五年六月廿四日爲征伐泰衡秀衡二男可被發向奧
州之間、御旗一流可調進旨、依嚴命同七月八
日獻之御旗長任入道將軍源賴義御旗寸法之例一丈二尺二幅也、上伊勢大神宮、八幡大菩薩以白絲縫之、下鳩二羽相對縫之、賴朝被揚義兵之最初、常胤參向以來、諸軍士奉屬附、依前瑞被召御旗云々、

同征伐之時、爲東海道大將相具一族幷常陸・
下總兩國勇士等、經岩崎・岩城・行方・宇太、
渡遇隅川漭、八月十一日到着賴朝旅館奧州多
賀國府、
同追滅之後、賴朝岩井郡厨河數日逗留之中、
被行諸軍士勳功賞時、常胤先諸士拜領下文、
凡被施恩之時者、以常胤可爲功先之旨、兼日
有嚴約、
文治六年泰衡郎從大河戶次郎兼任、引率七千
餘騎向鎌倉、爲首途之後、討滅由利仲八維平、
又向千福山本至津輕殺戮宇佐美平次(實政)以下御家
人等之由、從奧州告急之時、海道大將常胤、
一方大將嫡男新介胤正、山道大將比企藤四郎
能員、各發向胤正獲兼任首歸參、
建久元年十月三日賴朝上洛之時、供奉候一人
後陳(マヽ)子息郎從等爲從兵、
同十二月十一日關東武士中左右衛門兵衛二十人可

被任之由、依　勅命、賴朝被擧申時、常胤被任左兵衞尉之處、孫子常秀讓勳功賞、
同三年七月賴朝被任征夷將軍之後、同五日始渡御新造政所之時、常胤先諸士賜下文、無上階以前者、被載御判、被置政所之後者、各被召返之、被成下政所之下文、常胤愁訴云、政所之下文者家司署名也、難備後鑑、別被副置御判者、可爲末代子孫龜鏡之由申請之處、如所望常胤一人者下文被副御判、下文云、有袖判、
可早領掌下總國住人常胤相傳所領新給所〻地頭職事、右去治承比平家擅世者、忽緒(諸)王化、剩圖逆節、爰欲追討件賊徒運籌策之處、常胤奉仰　朝威參向最前之後、云合戰功績、云奉公忠節、勝傍輩致勤厚、仍相傳所領、又依軍賞宛給所〻等地頭職、所成給政所下文也、任其狀到于子孫永不可有相違之狀如件、建久三年八月五日、

同九日若公實朝字千幡公誕御之時、御劒御馬獻之、
同四夜饗應沙汰之、
同六年七月廿二日若公賴家字一萬公花廐營作被立初御馬之時、依被撰御進上御馬黑鮫、
正治三年三月廿四日卒、年八十四（九歟）、
武功威勢拔群、號關東十三流之一也、又爲八平氏長云〻、

胤正
(朱筆)「千葉嫡流」
千葉太郎、新介、
母秩父大夫重弘女、檢非違使判官、
源賴朝之時數度有軍功、

成胤
小太郎、千葉介、
賴朝時數度有軍功、建保五年四月十日卒、

常秀
千葉平次、任左兵衞尉、號平次兵衞、

頼朝時數度有軍功、

胤綱　千葉介、承久兵亂、關東勢上洛時、大手大將、

時胤　五郎、同介、

胤康　千田・神崎先祖、

頼胤　同介、建久比人、誤歟

胤宗　同介、

宗胤　同介

貞胤　同介、建武比人、

高胤　同介、

氏胤　同介、

満胤　同介、常安寺殿、

兼胤　同介、修理大夫、

胤直　同介、相應寺殿、

胤平　海上祖、

自秀　同介、七郎、

實胤　同介、

守胤

胤正　同介、

宣胤　五郎、同介、

康胤　同介、

胤實　同介、

輔胤　同介、

勝胤　同介、

利胤　同介、

親胤　同介、

重國　信田小太郎、隋順千葉介常兼而、住相馬郡、仍改信田、自是號相馬、

胤國　相馬小次郎、

師國　相(馬脱カ)中務太輔、師常養父、

胤富 同介、

邦胤 同介、源家康公之時被ニ改易一、

師常 相馬次郎、或號千葉次郎、「相馬嫡流、」(朱筆)

母同胤正、相馬中務太輔師國養子、繼將門正統之系圖、

領下總國相馬郡、奥州行方郡、行方爲勳功之賞云々、

於下總國府父相共謁賴朝、其後數度有軍功、

平家追伐之時、屬範賴而兩度發向、

泰衡追伐之時、父相共下向奥州、

建久元年賴朝上洛之時供奉、

同六年二月十四日賴朝并御臺所(北條政子)上洛之時供奉、

此外勤仕之品々見父之所、

元久二年十一月十五日卒、年六十七、端坐合掌而決定

往生、諸人擧拜之、

關東十三流內、又八平氏內也、

胤盛 武石三郎、

朝胤 三郎左衞門尉、

胤氏 三郎、

胤信 多田邊四郎、後號大須賀、

朝胤 次郎左衞門尉、

信氏 四郎、

胤通 道歟、國分五郎、

義行

胤賴 舊文書ニ書ニ藤字、號東六郎大夫、官瀧口、賴字自賴朝受用之、

重胤 東六郎、中務大夫、

胤重 東中務丞、

以上號千葉六黨、

義胤 相馬五郎、

領兩郡同上、

源實朝又賴經兩將軍之時勤仕、

元久二年六月廿二日畠山次郎重忠推參、鎌倉重忠有武州之由風聞之時、屬大將相模守義時一族相共

發向關戶、
承久兵亂之時、屬大將武藏守泰時上洛、胤綱・
胤繼父子三人渡宇治河致軍功、又於瀨田江州橋
上合戰致軍功、此事後見出之間、公方
獻上之時不載之、

胤綱　相馬次郎左衛門尉、
領兩郡同上、
承久兵亂時、父相共上洛有軍功、
嘉禎四年正月廿八日將軍賴經上洛之時供奉、

胤繼　相馬小次郎、次郎兵衛尉、
領北相馬郡之內所〻、

胤經　相馬左衛門尉、

胤村　相馬次郎左衛門尉、

氏胤　相馬太郎、

胤基　左衛門尉、

胤定　鷲谷次郎、
胤光　根戶三郎、
胤久　布施四郎、
胤家　文間五郎、

胤忠　上野介、
胤行　高井、
胤重　戶張、

胤長　左衛門尉、
胤朝　筒戶、

胤宗 左衞門尉、

資胤 上野介、

胤儀 左衞門尉、

道胤 小守屋、遠江守、

胤高 上野介、

胤實 左衞門尉、

德誕 寶林庵主、

胤廣 因幡守、

胤滿 筒戶攝津守、

胤保 布施隱岐守、

胤貞 相馬小次郎、

胤晴 相馬小次郎、

整胤 相馬小次郎、

家來僕從等依逆意生害、年二十三、

治胤 相馬左近大夫、

屬相州北條家勤仕、北條滅却之後、欲事關白秀吉公雖訴訟不叶、流牢之後、請信濃守胤信扶持、旁遺恨難散、於武州江戶山手思死云〻、子孫斷絕、

秀胤 相馬小次郎、

整胤生害後、繼嫡家、早世、

胤信 相馬信濃守、從五位下、

秀胤早世之後、繼跡、領相馬郡內三千石餘、
源秀忠公之時勤仕、早世、

盛胤　相馬小次郎、
自是以下、自他家繼名字、本知減少領千石餘、
自胤繼以下至茲住總州相馬郡、

●胤村　相馬五郎左衛門尉、孫五郎左衛門トモ、
領兩郡同上、
賴嗣・宗尊親王兩將軍之時勤仕、
臨時出御供奉人分三旬被相定時、下旬勤番之、
正嘉二年八月勤仕若宮祭例流鏑、
弘長三年八月九日將軍家上洛、供奉人粗被記之
時、爲人數、同十四日・廿四日依大風、稼穀損
亡、世間飢饉之間、上洛被延引、
此外所〻供奉、度〻將軍被下御點、

●胤氏　相馬次郎左衛門尉、
領奧州內赤沼、行方內太田・吉名、

師胤　相馬五郎左衛門尉、
永仁之比、被闕所、長崎三郎左衛門入道思元拜領此地、

●胤顯　相馬五郎、岡田祖、
領總州南相馬內泉、行方內岡田・院內・大三賀・八兎・竹城保內波多谷村、弘安八年正月死、

胤盛　相馬小次郎、又號岡田、
所領同上幷飯土江狩倉、矢河原狩倉、

胤兼　孫六、

胤俊　相馬十郎、
建武三年五月廿四日國司責小高城之時、屬光

胤手討死、

宗胤　孫七、

兼胤　與次、

胤元　與三、

胤康　相馬泉五郎、又號岡田、
所領同上幷相馬郡内手賀・藤心、黒川郡内新田村、
建武二年相具相馬惣領重胤、屬斯波陸奥守家長手、於所〻度〻有軍功、其後具重胤馳參鎌倉、同三年四月十六日國司下向鎌倉合戰之時、屬家長手、最前馳向相模國片瀬河、胤康幷若

黨飯土江彦十郎遂討死訖、

長胤　相馬六郎、又小太郎、
建武三年相具相馬惣領代彌二郎光胤、屬大將足利竹鶴手、於所〻度〻有軍功、殊更於標葉合戰之時、舍弟胤治相共抽軍功、標葉一族等數輩生捕之、同五月廿四日於小高城討死、

孫鶴

女

胤治　相馬七郎、
建武三年比、有度〻軍功、討死同長胤、

竹鶴

成胤　相馬四郎、
軍功討死同上、

福壽

胤家　相馬岡田新兵衛、常陸守、宮内太輔、
領泉・金山・魚梁戸・舟津・手賀・藤心、以上相馬郡、上總國三直津・久良海・眞利谷、常州伊佐郡内西方、岡田・八兎・院内・飯土江狩倉・波多谷、岩崎郡内席田、
自建武二年比至貞治之間、於所ゝ度ゝ有軍功、

胤重　相馬岡田五郎、宮内丞、
領泉・魚梁戸・金山・舟戸・岡田・八兎・院内・鶴谷・飯土江・矢河原狩倉、

胤繁　相馬岡田式部大輔、
所領同上、

胤久　相馬小次郎、岡田宮内大輔、
所領同上、

胤行　岡田左京亮、
所領同上、

信胤　岡田伊豫守、
所領同上、

基胤　岡田小次郎、
所領同上、

義胤　岡田安房守、
所領同上、

茂胤　岡田治部大輔、
所領同上、

直胤　岡田右兵衛大夫、
所領同上、

宣胤　岡田小次郎、八兵衛、
改胤長、

重胤　岡田源内、八兵衛、

長次　岡田左門、

胤重　相馬六郎左衛門、

有胤
相馬十郎、
領相馬郡内伊奈村、行方内高平村、

時胤
相馬小次郎、
建武比、度〻有軍功、

胤平
相馬六郎左衛門尉、
領高平村、始屬國司方有度〻軍功、後屬尊氏度〻有軍功、

家胤
相馬八郎左衛門、
有軍功、

胤門
相馬九郎兵衛、
有軍功、

胤親
左衛門次郎、
貞和比、度〻有軍功、

胤時
相馬小次郎、
建武比、度〻有軍功、

胤祐
相馬彦次郎、
有度〻軍功、

胤常
相馬五郎、
有度〻軍功、

胤景
相馬次郎兵衛、
有軍功、

親胤
相馬孫次郎、
有軍功、

（朱筆）「嫡流」

師胤
字松若、
相馬彦次郎、次郎左衛門尉、
母法名阿蓮、所領同上、延慶之比マテ在世、
依爲當腹立嫡子、拔一族兩郡之内領二百三十九町餘、此外阿蓮遺領又一族遺領等追知領之、

可領兩郡由、文永九年十月廿九日有教書、相模守平朝臣時宗、左京權大夫平朝臣政村執行之、以證文記之、

胤朝 相馬九郎、

胤實 相馬孫四郎、
　胤持 相馬又六、

胤通

胤門 相馬彦五郎、
　女 字彦犬、

領行方内高村・荻迫村、始重胤養父、

●通胤 相馬餘一、又道|、大悲山之祖、

領行方内大悲山村・小嶋田村・竹城保内長田村内田在家、

幸胤 右馬介、養子也、
　胤重

信胤 山城守、
　龍王

行胤 相馬孫次郎、又但馬次郎、
建武二年以下屬相馬惣領手、度々有軍功、
法名明圓、

女 號楢(マ)葉女子、法名明戒、父子義絕云々、

女 號鶴夜叉、相馬又六胤持通胤甥妻、

女　領竹城保内根崎村、

女　領行方内牛越村、

朝胤　相馬又五郎、次郎兵衛、

所領同上、此外岩崎郡内米野村領之、

建武四年以下屬羽州親胤手、於所々數度軍功、

重胤　相馬孫五郎、又號小高孫五郎、始彦五郎胤門養子、

領兩郡同上、自是以下住行方郡、

元弘三年七月十七日本領安堵無相違由、有宣旨、後醍醐院御時、

同七月廿六日高時法師黨類之外、奥州當知行之

輩不可有相違旨、依大納言藤原朝臣宣房（萬里小路）宣、有辨官下文、同御時、

同十二月相傳之知行不可有相違由、有國宣、國司北畠中納言顯家卿、居館靈山、

建武二年六月三日奥州內伊具・曰理（亘）・宇太・金原保等補檢斷職由、有國宣、同卿、以上屬國司下知、

同年志和（斯波）尾張彌三郎後號陸奥守家長爲誅伐國司顯家卿發向奥府之間、於曰理（亘）河名宿始參會以來、屬彼手度々致戰功、自是以下屬源尊氏、抽軍功、

同三年令參向關東、屬大將斯波陸奥守家長手、數度致戰忠、

同四月十一日奥州闕所跡、爲將軍家足利尊氏御計知領之有源判形、

同年中前代平時行以下平氏殘黨、蜂起之時、殊致軍功、同四月國司顯家卿下向鎌倉國司三度上洛中下之時也、合戰之時、屬大將家長手、抽戰忠逐於法華堂下有鎌倉自殺、貽家名、

道號天叟、以上以證文記之、

親胤　相馬孫次郎、出羽權守、

領兩郡同上、
前國司顯家卿之時、補東奧海道四郡守護、
建武二年十一月廿日得父讓狀、
同年於箱根坂水飲合戰之時屬足利尊氏方致戰功由、
吉良右京大夫貞家無僞旨、書加起請文、註送仁木兵部太輔許、
同年千田大隅守相共向千葉城致合戰處、將軍家尊氏、俄上洛之間供奉、於京都度〻致軍忠、
同三年十一月廿二日相馬郡一族闕所跡、鷲谷村・筒戶村・藤谷村・大鹿村・高井村、爲將軍家御計宛賜由有源判形、
同四年二月廿一日屬大將石堂藏人、常州關之城發向之時、依手分渡絹河・上瀨・中沼、渡戶之敵追散數百騎、燒拂數百家、致先懸之戰功、侍大將梶原三郎左衞門尉檢知之、
奧州凶徒蜂起之間、馳向三迫、連日可及合戰、相催標葉・楢葉・岩城・岩崎・菊田軍士等、至三迫可馳下之由、曆應四年十一月六日有沙汰石堂入道催促之狀、親胤爲海道七郡大將云〻、
同白河以下所〻凶徒爲退治、左馬助義元可發向之間、馳向彼地可抽軍忠旨、康永二年三月二日有沙汰石堂催促之狀、
貞和三年伊達郡藤田・靈山・田村・宇津峯城等、爲追伐率一族馳向致軍忠由、右京大夫貞家書加起請文、註送仁木兵部太輔許、
海道四郡守護并四郡闕所跡可任所望之間、屬國司方宮國司可致戰功由、正平六年二月十三日有國宣、
屬宮國司將軍致戰忠者、可有恩賞旨、依　天氣、正平六年三月廿七日少納言被執行之、

正平六年十月十一日行方內小谷・大田・牛越・吉名村、爲軍旅資粮宛給之間、屬國司方可揚義兵由、有催促之狀、
相催一族等速令馳參者、本領并所望之地事、不可有相違、且憑思召之由、正平六年十二月十五日右馬權頭清顯有催促狀、
就吉野御合躰含野心之輩、可加退治之由、自將軍家尊氏度〻被仰送之間、可存其旨、殊顯信卿於奥方欲退治將軍方人之間、率一族馳向名取郡可抽軍忠旨、正平七年二月廿九日右京大夫貞家催促之、
觀應二年奥州長世保・闕戶、爲勳功之賞知領之、
同九月廿二日行方內高村如先例知領之、
同十月九日同郡內牛越村如先例知領之、
同十月廿六日補東奥海道守護職、
同十一月廿六日行方內千倉庄闕所跡、爲勳功賞如先例知領之、

同十二月七日同郡內吉名村、勳功之賞如先例知領之、
於奥州凶徒退治抽忠勤之條、右京大夫貞家被註進、被感思由、同十二月九日有石堂入道狀、
同年宇津峯宮・伊達飛彈（マヽ）前司・田村庄司一族以下、襲來府中之間、十月廿二日馳向柴田郡倉本河致戰功、一族郎從手負討死、自被疵、同十一月廿二日於名取郡廣瀨河致軍功由、同三年十一月廿二日右京大夫貞家書加起請文、註送仁木兵部太輔許、
同三年宮國司并顯信卿前國司顯家卿男令沒落奥羽兩國之間由、有其聞、懷捕之搦捕之輩、不撰貴賤忠賞、可依所望之旨、普可相觸由、右京大夫被觸送之、
同四年六月十一日可參宮方旨、依　天氣宇田大納言執行之、
法名聖心、道號月洞、已上以證文記之、

光胤　相馬彌次郎、重胤二男、胤頼代、

領相馬郡内粟野村、行方内耳谷村・矢河原村・盤崎村・針野村幷山野等、建武三年二月五日得父讓狀、

父重胤屬大將斯波手、在鎌倉之時、斯波幷重胤狀建武三年三月十日到着行方、狀云、爲敵對之輩悉可追伐、次於小高村可構營城墎云々、故押寄所々敵館令退治凶徒、其上築成小高城號堀内、一族等馳集之着到獻鎌倉奉行所、給證判、

屬大將式部太輔兼頼手、于時號足利竹鶴白河上野入道又號結城上野入道々忠家人等、楯籠宇太郡熊野堂間、同三年三月十六日馳向彼地遂合戰、分捕手負品々註文獻鎌倉奉行所、給證判、

同三月廿二日大將廣橋修理亮經泰率數千騎寄來小高城間、致防戰處、同廿四日敵退散、

同廿七日馳向標葉遂合戰退治凶徒、右戰之次第大泉平九郎教重檢知之、此間分捕討死手負品々註文獻鎌倉奉行所、賜證判、

同五月六日於熊野堂合戰分捕討死註文獻鎌倉奉行所、給證判、

同七日合戰勵戰功處、同廿四日國司顯家卿下向之刻、以數萬之軍士、攻小高城時、光胤幷相馬六郎長胤・同七郎胤治・同四郎成胤・同十郎胤俊、此外家人等數輩討死、右合戰之次第、兼頼代氏家十郎入道々誠書加起請文、曆應二年三月廿日達鎌倉奉行所、

以上以證文記之、

女　大悲山次郎兵衛朝胤妻、

胤頼　字松鶴、相馬治部少輔、讃岐守、

母參河前司入道宗猷女、自是以下城于小高村號堀内、

領兩郡同上、

建武三年五月廿五日祖父相傳相馬郡并行方安堵御教書、母儀遺領等、自叔父彌次郎光胤得之、祖父重胤者鎌倉合戰時自殺、而父親胤者屬將軍家尊氏在洛、叔父光胤討死、胤頼號松鶴幼稚之間、小高城沒落之後、郎從失度、自建武三年五月至同四年正月八ヶ月之間、隱入山林及難儀處、于幸大將式部太輔重發向東奧之間、催一族郎從、結城上野入道代中村六郎數萬騎楯籠宇太熊野堂城間、同四年正月廿六日押寄打散訖、一族馳集着到達鎌倉奉行所、給證判胤頼海道大將云々、押寄熊野堂軍忠神妙之由、同廿七日石堂入道其比在留奥府有感謝狀、此外於所々合戰抽軍忠、一族郎從手負討死品々註文氏家入道書加起請文、達鎌倉奉行所、

觀應二年十一月廿六日行方內千藏庄、爲勳功之賞知領之、

同三年奧州田村庄凶徒誅伐之時、於安積郡部谷由・佐々河・田村・矢柄・宇津峯等抽戰忠之由、右京大夫貞家書加起請文、註送仁木兵部太輔許、

文和三年六月一日奧州黑河郡內南迫知領之、

同月日同國竹城保鄉如元知領之、

延文三年十一月廿日行方郡所々得父之讓狀、

康安元年八月十日任讃岐守、

同二年補東海道檢斷職、

貞治二年七月十一日宮城郡國分寺鄉國分淡路守并一族跡知領之、

同三年九月十一日出羽國下大山庄內漆山雖有此外村、付滅墨不分明、同國門田飯澤此外村、付滅墨不分明、知領之、

同六年正月名取郡南方坪沼鄉此外村、付、滅墨不分明爲勳功之賞知領之、

同卯月廿八日宇太郡如元知領之、

同月日同國高城保一族跡知領之、

應安五年十二月二日同高城保內赤沼鄉如先例知領之、

同六年五月二日高城保内長世保知領之、
同九月十八日同長田鄕此外村、付滅墨不分明如先例知領之、
永德元年八月十七日行方内小谷木・女波・福岡・
小池・矢河原村等如先例知領之、
至德三年七月十二日長世保内大迫鄕知領之、
同十二月二日名取内南方增田鄕内下村大内新左衞門跡
知領之、
道號太成、以上以證文記之、

憲胤 字千代王、相馬治部少輔、
領兩郡并宇太、
貞治六年八月廿三日行方所々得父之讓狀、
道號洞巖、

胤弘 相馬孫次郎、讚岐守、
所領同上、

應永二年得父之讓狀、
道號道空、

重胤 相馬孫次郎、治部少輔、
領行方・宇太、
道號天石、
記者云、自建武年中以來至至德、此間、爲勳功之賞被知領之所々、至茲定可被傳領歟、其故一族中爲勳功之賞領所々輩、至文明比傳領之、以是案之、不可有傳領相違乎、雖然依無證文不記之、至應永之末、相馬郡内所々、奥州内所々年貢等、收納帳少々有之而、腐損滅墨不分明、亦自建武至々德間、支配一族郎從地、或被收公、或讓與他族又沽却、仍漸々減少者歟、

高胤 相馬出羽守、治部少輔、

所領同上、
道號太雄、

●盛胤　相馬大膳大夫、
所領同上、與標葉領主平清隆數度合戰、取標葉郡、
道號日頭、

●顯胤　相馬孫次郎、讃岐守、兵部大輔、
領行方・宇太・標葉、
與岩城領主重隆法名明徹合戰、責捕楢葉内富岡城、於同金剛河楢葉内合戰、雜兵互數輩討死手負、味方敗退引入富岡城、同合戰責捕楢葉内木戸城、同於楢葉内廣野合戰敵數輩討捕、而責取同所濱之城、則追慕重隆至居城號平、ゝ下鎌田河既欲攻落平城處、伊達衆依請和平退陣(マヽ)云ゝ、

與重隆及合戰之宿意、有重隆最愛息女、顯胤爲媒與伊達胤宗之息男晴宗結縁約處、至後日重隆被變改間、含顯胤欝憤、自伊達請檢見之士、而及此合戰、和平後、逐晴宗娶重隆息女云ゝ、

岩城領主
●重隆─親隆─常隆─貞隆　岩城忠次郎、佐竹義重三男、
　└女　晴宗妻、

伊達掛田城三年宿陣中、與岩城重隆、伊達晴宗引級而攻彼城間、出于平澤致防戰處、敵敗退、其後晴宗度ゝ雖攻此城、抽防戰堅固三年遂宿陣、
年四十二而卒、道號雄山、
掛田城三年宿陳(マヽ)之子細、伊達胤宗者晴宗父也、有父子不和之事、籠舍胤宗於西山城、爰掛田城主義宗、胤宗弟也、同子息俊宗對晴宗含欝憤、憑顯胤胤宗之聟、徽力欲出籠舍胤宗、而廻計策引入顯胤於掛田城云ゝ、而出伊達領内輙依難引取、胤宗三年宿陳(マヽ)、此間數度有合戰、逐引取胤宗於相馬領云ゝ、

●伊達領主、
胤宗─晴宗─輝宗─正宗　前陸奥守、─忠宗　前越前守、
　　　　└親隆　岩城重隆繼跡、

相馬之系圖

實元（亘）日理（ママ）玄南齋 ― 重宗 盛胤聟、

女 顯胤妻、

義宗 掛田、 ― 俊宗 ― 女 盛胤妻、

堀內、

次郎大夫、

相馬三郎、流牢（浪）之時剃髮、號相三、

富岡城代、後黑木城代、

女

● 盛胤 相馬彈正大弼、
母伊達胤宗女、

所領同上、
於伊達座流河與晴宗合戰、敵數多討取、此時自
被疵、
於同古佐井與伊達輝宗合戰、責取同城、愚息義
胤十八歲相共出陳（ママ）、
於同領丸森與輝宗合戰、責取同城、義胤相共出
陳（ママ）、
於同坂本與輝宗合戰、味方數多討死敗退、其後
田村領主盛胤妹聟清顯正宗舅依請和與、取所之城所〻返之、
此外與輝宗度〻爭、武威不可勝計、
慶長六年十月十六日於中村死、年七十三、
法名一通、道號籌山、

女 田村清顯室、此腹之女、仙臺中納言前陸奥守正宗室、陸奥守忠宗母
清顯沒後、出居行方內堤谷、其後遷住伊達領、

●義胤 相馬長門守、從五位下、義一字自佐竹常陸介義重右京大夫義憲父受用之、
母伊達義宗女、
所領同上、隱遁之後、城于標葉內泉田、後又還
住中村城、
天正四年曰(亘)理元南齋俗名實元回謀策、欲奪捕私領間、
同年卯月十三日押寄曰(亘)理郡、燒拂村里濱汀屋舍
等、爲防戰之雜兵數輩討取之、輝宗聞之成怒、
引從數千勇兵、同十五日寄來宇太郡中村之間、
遂防戰之處、敵退散、此時自新地城出足輕鐵炮
玉藥以下捕之、此比新地・駒ケ峯・小佐井・金山、相
馬領タリト云々、
同七月十七日於伊具郡內古佐井・矢之目・妙賀
山、與輝宗合戰、謀敵引出惡所悉討之、此時岩
沼城主・瀨上|・沼邊|・角田|・村田|・石
母田|・小泉|、以上備頭、澤田・大町・栗野・
鴇田・黑澤・成田・大枝・長谷藏・小原・茂
庭・本內・松岡・曰(亘)理又七郎・柴田・眞柳・宮
內・湯之村・備後、此外馬上雜兵千餘人討捕之、
各輝宗家中歷々者仁也、此時用鉾矢形備、自是以後、好用此備云々、亦始爲首實檢云々、軍法者長野一露、輝宗
陳(マヽ)于矢之目、義胤陳(マヽ)于妙賀山陰、
於伊達領長者崎與輝宗・正宗合戰、馬上雜兵互數
多討死、首二三箇所取之、盛胤相共出陳(マヽ)、
於同領館山與輝宗・正宗合戰、敵敗軍、
於同金山與輝宗・正宗合戰、敵敗軍、
於同石佛與輝宗・正宗合戰、互無勝劣而引退、
於同小深田與輝宗・正宗合戰、互數輩討死、首
一兩所取之、盛胤相共出陣、
於駒ケ峯與輝宗家人等合戰、互無勝劣、盛胤共出陳(マヽ)、
於新地與正宗家人等合戰、追込敵至新地城下、
盛胤共出陳(マヽ)、
攻田村內上宇津志之城之時、敵味方數多討死、
正宗爲後詰、互無勝劣、但於大場合戰之時、敵
敗軍、
與相馬領伊達領堺於十二所、與正宗家人等駒峯城代、

坂本城代也、私領黒木城代門馬、上總守中村城主隆胤懸合之合戰之時、相馬兵部太輔・門馬上總守討死、此外與輝宗・正宗合戰數度雖有之、繁多故略之、又義胤至宇津志窺令出張之間、遣正宗人衆捕新地・駒ヶ峯、是城代逆心故云々、各合戰年號月日、前後忘却之間、不記之、

天正十八年豐臣朝臣秀吉公被發向關東之時、於相州小田原始謁、而後令在洛之時、爲要料江州內大森村五百石賜之、

同秀吉被征朝鮮之時、至肥前國名古屋參陳(マヽ)不至朝鮮間、公方獻上ノ系圖不載此事、

同公他界之時、爲遺物太刀一振一文字賜之、

慶長五年　源家康公後奉崇東照大權現・同秀忠公後號台德院殿被征石田治部少輔三成之時、依供奉延引、暫被改替本領處、同年於武州江戸、義胤・利胤父子相共被召出、本領安堵被仰付兩公執權本多佐渡守殊執被申取御氣色云々、利胤死去之後、寛永三年六月廿四日還住中村城、孫子義胤幼稚、其上在江戸之間及此儀、同十月三日敍從五位下有口宣、

同九年爲台德院殿遺恩、銀子五百枚拜受之、

同十二年十一月十六日於中村城卒、年八十八、

道號外天、

記者云、孫義胤十三歳之時、以書付贈諫言給、其詞云、

一、幾度登城スト云トモ、始テノ出仕ノコトク愼ミ可思事、

一、弓馬ハ武士ノ嗜處、ヨミ書ハ諸藝ノモト、一ツモ捨テハ末ノ不足タルヘキ事、

一、內ノ者ヲ耻ヨ、以上三ヶ條也、誠是雖孔孟之教戒、全不可說此外乎、

隆胤　相馬兵部太輔、宇田中村城主、
母同上、與伊達相馬境、於十二所討死、道號洞岩、

郷胤　相馬忠次郎、千藏庄今云北郷田中城主、
母家女房、郷一字自會津蒲生忠三郎氏郷受用之、

女
母同隆胤、曰(亘)理重宗元南齋實元男妻、

利胤　字虎王、相馬孫次郎、大膳亮、從五位下、始城于小高村、後遷住中村城、
母奥ノ深谷女、爲質人在江戸、於櫻田死、今無子孫、
道號月潭、元三胤、三字自石田治部少輔三成於濃州關原爲家康被誅受用之、
慶長元年於伏見城謁關白豐臣秀吉公、同公時敍
從五位下、
同十六年言上家康公・秀忠公、同十二月二日遷
住中村城此城依爲伊達領相馬領堺及此儀云々、
同十九年被征伐豐臣秀頼公秀吉男秀忠聟之時、供奉秀
忠到攝州大坂參陳(マヽ)、翌年同陳(マヽ)之時、義胤・利胤
相共供奉、
元和三年・同五年秀忠公上洛之時供奉、
同八年羽州最上城主源五郎　被改替本領出羽一國領之、
時、庄内酒田城勤番之、有秀忠公御黑印、
同九年　秀忠公・家光公秀忠公嫡男上洛之時供奉、
毎年正月二日於江戸殿中、御謠初之時登城又獻
御肴臺、

寛永二年九月十日於中村城卒、年四十五、道號日
瑑、

及胤　相馬左近、母同上、
秀忠公之時勤仕、在江戸、大坂陣
之時、相具利胤參陣、共後依利胤
勘當、自壯年比流牢(浪)、籠居千藏庄
山中、

清胤　相馬主計、
後改安―、

直胤　相馬越中、
母同上、
勤仕同上、在江戸・大坂、翌年陳(マヽ)之時、相具
利胤參陳(マヽ)、於櫻田卒、年十九歲、道號心巖、

女　母同上、在京之時、於北野千本誕生、剃髮之後、號慶
雲院、在江戸、
岩城忠次郎貞隆室、從四位下侍從、佐竹修理大夫義隆母、
貞隆常陸介義重三男、繼岩城領主常隆名跡、

龜王　早世、
母、

義胤 相馬虎之助、大膳亮、從五位下、於櫻田誕生、在江戸、御定後隔年ニ參勤、

母、

所領同上、義胤二字祖父存生之時讓之、又義一字自佐竹右京大夫義宣受續之、

父死去之時僅六歲公方言上、時號七歲遺跡無相違被仰付

秀忠公之時、

寛永六年五月廿八日始謁相國秀忠公幷當將軍家家光公、此時家老三人被召出御前泉藤右衛門胤政・同子內藏助胤衞、義胤守・立野一郎右衛門胤重、

同十一年武州川越之城、依所替暫爲明地之時、城番勤仕之、此年將軍家光公雖被上洛、義胤幼少間、供奉被免許、

江城石垣以下普請之時、度〻勤仕之、

每年御謠初之時登城、又獻御肴臺、

同十八年當家系圖依將軍家召、五月十九日獻上之、

同年將軍家若公字竹千代、御諱號家綱誕御之時、進獻御腰物有銘備前三郎國宗、箱梨地金銀金貝紋葵丸、

女於龜、同年誕生、母內藤伊賀守忠重女、後改志摩守、勢州鳥羽城主、秀忠公時、烈(ママ)御、老中將軍家依仰有嫁娶之儀、

同十九年系圖證文可被一覽之由、太田備中守系圖集編奉行被申送之間、數十通備進之、五七日抑留、羅浮山道春以下儒子數輩見證、聊無疑貽之由、被感美、達上聽之、草案別記之、

同廿年奧州會津城主加藤式部少輔明成加藤左馬助嘉明男依訴訟領知四十萬石被召上之時、同弟二本松城主加藤民部太輔明利嘉明三男遺跡被減少之、仍二本松城番勤仕之、

女千松誕生、母同於龜、慶安四年三月五日、於武州江戸櫻田病死、三十二歲、號巴陵院月海霜劍大居士、

女 於千、於宇田中村誕生、寺澤兵庫頭紀氏高堅寺澤志摩守廣高二男、肥前唐津城主妻、將軍家家光公依仰結緣約、後號松岩院殿梅月景藥大姉、延寶八年十二月廿五日中村阿水死去、

母同上、

女 於康、早世、

母同上、

勝胤 字相馬式部、實土屋民部少輔利直二男、改忠胤、

所領同上、

慶安五年二月吉日繼義胤遺跡于時十六歳、將軍家源家綱公御時、

同月十三日謁　内府家綱公、此時家老熊川左衞門長定、被召出御前、義胤遺跡被　仰出之時、勝胤與於龜可結緣約之旨被　仰付同公御時、

慶安五年卯月廿日東叡山大猷院殿源家光公御靈前石燈籠二ヶ獻之、

明暦三年江城炎上之翌年、御城内御門多門所ゝ御普請勤仕之源家綱公之御時、當公方家准御普代並而可勤仕之旨、依嚴命、萬治二年以來、處ゝ御門番等勤仕之、寛文四年可領知三郡之旨、公方家綱公御朱印拜受之、

延寶元年十一月二日於宇多郡中村城病死、三十七歳、號廣德院殿方山貞義大居士、

女 於龜、母忠重女、勝胤妻、

延寶二年二月二日安產以後病惱、同月十日死去、

號圓照院月堂壽桂大姉、

貞胤 字虎千代、萬治二年五月九日誕生、母大膳亮義胤女、領三郡同父、

十歳之時、寛文八年八月廿五(日脱カ)奉謁　公方家綱公、

延寶元年十二月亡父遺跡無相違被　仰付、此時一族岡田與左衞門伊胤・堀內十兵衞胤重・家老富田將監正實被召出　御前、右同月任從五位下出羽守、

延寶三年四月就于大猷院殿御遠忌御法事、梶井宮盛胤到于江戸御下向、寄宿于谷《ヤ》中《ナカ》瑞林寺之時、附宿坊而勤仕之、其外所ゝ御門番等勤仕之、延寶七年七月朔日發江戸、初而下向宇多郡、同八日安着中村城、同十一月病惱急切、以公方家御朱

印醫師久保玄貞被差下、雖爲療養不相應、終同
月廿三日逝、號光明院殿瓊嚴周英大居士、

昌胤
字釆女、寛文元年七月七日誕生、
母同上、號東、不謂相馬、貞胤養子、

女
於奈阿、母同上、寛文五年六月三日誕生、

女
於長、早世、母同上、

女
於羅牟、延寳二年二月二日誕生、
母同上、

女
御龜、母板倉内膳正重雉于時列公方家老臣、女貞胤妻、

家嫡
昌胤
主家嫡、繼貞胤遺跡、彈正少弼、延寳七年知奥州標
葉郡・行方郡・宇田郡、
延寳七年十二月十八日源家綱公家光公之一男御時、
兄相馬出羽守貞胤遺跡標・行・宇三郡、依舊可領

掌之旨、於殿中親被鈞命酒井雅樂頭忠淸奉、同月廿
六日爲右御禮登城奉謁之時、有親愛之台命、同
月廿八日任從五位下彈正少弼、同八年正月十五
日家臣岡田與左衞門伊胤一族也・腋本喜兵衞元
明・岡部求馬之介宗繼各所召出　御前捧御太刀
折紙、
同年八月妙見堂砌下建天神社、此城元是天神鎭
座之山也、相要害堅而築城故、中村之貴賤祝而
作産土神崇敬年久、于此近世其社敗壞無知人、
今傳聞某始末、新再營此社、同月廿五日遂遷宮
祭例、同年八月公方綱吉公家光公三男有將軍宣下之
勅使、此時近衞左大臣基熈公下向江府、同十三
日着御天德寺、司宿坊主張、從着御之日到歸洛
之日遂勤仕也是依台命也、同年十二月十三日娶松
平刑部太輔頼元女刑太者常州水戸中納言頼房卿之子也、
同九年正月廿四日台德院殿前大相國秀忠公之源家
康公息男五十年忌、於江府增上寺法事御執行之時、將

軍綱吉公佛詣之供奉、束帯而勤仕之是依台命也、同年五月八日巖(マヽ)有院殿家綱公一周忌法事於江府上野有之時、石燈籠二基獻上之、同四月發江府、同五月朔日下野國登日光山而、先奉拜東照大權現靈廟而、伸(マヽ)爲三郡主、同六日入部宇田中村城、同月八日巖有院殿御位牌建巴陵禪院是每月爲可奉拜御忌日也、同九月十八日夜、女誕生、母刑太賴元女、天和二年越後高田御在番、五月十一日江府御發駕、扈從之臣、凡三千四百二人、元祿十四年二月十一日御歳四十一ニ而、標葉郡泉田村江御隱居、淨土宗門江御歸依、信知上人開山ニ而御菩提所崇能山興仁寺建立、寶永八年六月四日御內室逝去、本立院殿卓然貞高大姉、享保十三年戊申十月六日御年六十八歳ニ而逝去、建德院殿勢譽峻岩孔照大居士、元祿七年坪田八幡社御建立、

敍胤

相馬長門守、實佐竹右京大夫義處二男、御婿養子、正德元年四月廿日逝去、香雲院殿鑁翁去隷大居士、

女

於昌姬、長門守敍胤室御母賴之公御女、享保五年三月廿三日逝去、御年廿五、保壽院殿慈仙榮祐大姉、

都胤

相馬富松丸、正德五年八月廿七日、蚉世、照臨院殿玄邦修眞大童子、

女

於萬姬、正德三年癸巳年九月四日、蚉世、慈照院殿芳室覺祐大童女、

女

於初姬、毛利但馬室、元文四年四月廿三日逝去、玄曠院殿榮玉葆眞大姉、

女

於秋姬、板倉甲斐守室、寶曆六年丙子八月廿四日逝去、長榮院殿天質祐苗大姉、

女

於倉姬、正德五年乙未九月六日、蚤世、清光院殿花顏長照大童女、

女

於吉姬、正德四年甲午八月二日、蚤世、瓊瑤院殿靈光智榮大童女、

內匠

享保十年乙巳七月十二日、蚤世、定水院殿蘭秀流芳大童子、

福胤

相馬主膳、

享保四年七月八日幾世橋ニテ御誕生、同十四年中村江御移、長友ニ御住居、于時延享十三年御痛所有之、野上江御入湯、天水江御屋形被建、寛保二年四月十五日御病氣御平愈、江府江御登、寶曆四年十一月御病氣御再發テ、中村江御下リ住天水、同八年六月四日逝去、行年四十歲、凉池院殿證譽自性濯心大居士、

英胤

相馬主膳、尊胤御代賜七百石、恕胤御(マヽ)三百石御加增、安永二年九月廿八日急死、隨心院殿誓譽海貞普白大居士、

二女

大久保金次郎室、

相馬外記室、

胤義

相馬龜次郎、

女

尊胤

相馬彈正少弼、實昌胤御子、始號民部清胤、十三歲ニテ敍胤爲養子、御內室本多隱岐守康俊御女、明和元年四月六日逝去、壽高院殿仁譽廉節瑞岩大居士、御年七十六歲、

德胤

相馬因幡守、實長門守敍胤嫡子、御內室內藤豐前守女、享保十四年十二月八日逝去、直指院殿見質自性大姉、御後室松平安藝守女、寶曆十二年正月八日逝去、遷苗院殿奇山妙住大姉、寶曆二年五月十三日逝去、洞嶽院殿別宗覺天大居士、

女 於由姫、正徳二年五月廿日逝去、

正千代 享保二十年七月十五日、蚤世、大乘院殿寶光玄珠大童子、

恕胤 相馬因幡守、御内室青山大膳亮女、明和二年五月嫡孫御承祖、天明三年御隱居、本町ニ御屋形建、改名長門守、寛政三年辛亥八月十四日、高俊院殿德應雲巖大居士、

女 於喜代姫、

式部 早世、明和四年十二月十日於江府逝去、雲鷲院殿法巖良設大童子、

齋胤 相馬伊織、安永二年三月廿五日御病身故御退身、西山江御屋形建、天明五年十月廿九日逝去、洞龍院殿雲外恭眠大居士、

女 於福姫、

祥胤 相馬因幡守、少名吉次郎、御内室松平遠江守忠吉女、文化十四年丁丑六月廿七日逝去、長壽院殿妙相圓滿大姉、文化十三年丙子六月廿日逝去、嵓蕘院殿恭雲巨嶽大居士、

榮次郎 早世、明和七年庚寅七月十二日、清淨院殿家山身公大童子、

女 於榮姫、早世、明和七年七月六日、自光院殿歡應良月大童女、

鶴之助 早世、明和八年辛卯七月三日、玉體院殿淸顏横露大童子、

女 於國姫、天明三年七月廿九日逝去、眞如院殿江水印月大姉、

用之進
早世、安永二年七月十日、
無染院殿顯明知能大童子、

暢次郎
早世、天明元年五月十四日、
荊林院殿一山紅玉大童子、

女
於鹷姫、文化二年五月二日逝去、
驚覺院殿夢宅了破大姉、

富敷
鍋五郎、
天野傳兵衞富貞養子、

樹胤
相馬內膳、讃岐守、又豐前守、御內室松平伊賀守女、
嘉永四年辛亥十月十三日逝去、掃雲院殿駒嶽皎然大姉、
天保十年己亥九月七日逝去、御年五十九歲、大隆院殿
英巖德雄大居士、

女
於光姫、御母儀近藤氏、寬政九年丁巳三月廿日、蚤世、
櫻蕚院殿嬋含麗娟大姉、

女
於久姫、文化二年乙丑九月廿三日逝去、
纖月院殿翠艷妙黛大姉、

仙胤
豐之助、又尚之助、縫殿、
母近藤氏、
恭孝院殿英山雄
義大居士、

女
於俊、

小栗尚之助
小栗右膳養子、

女
於積、岡田帶刀室、

女
於順姫、伊東監物祐氏室、文化十二年乙亥七月廿日逝去、
圓如院殿鑑空自照大姉、

女 於笣姫、早世、寛政八年丙辰七月十四日、
玉芳院殿槿顏影大童女、

女 於信姫、早世、享和二壬戌年十二月五日、
其心院殿一如幻法大童女、

女 於盈姫、中西爲次郎室、

女 於季、大久保甚十郎室、

益胤 吉次郎
寛政八年正月八日御誕生、

女 於郁姫、

永胤 彰之助、早世、文化十四年丁丑三月廿九日、
御本腹母長壽院殿、節巖院殿懿德悌賢大居士、

女 於律姫、早世、文政四年辛巳九月十五日、
秋光院殿眞空宗如大姉、

某 乘之助、早世、文化八年辛未二月八日、
一乘院殿法山無二大童子、

益胤 相馬長門守、吉次郎、御內室松平大學頭女、
母松平遠江守忠吉女、
天保年中二宮金次郎御賴、御國中江御主法御發
業于今行焉、弘化二年乙巳六月十一日逝去、御諡
繼起定公、以德院殿寬量照潤大居士、

女 於茂姫、朽木縫殿介大綱室、文政十年丁亥九月八日逝去、
惠光院殿淨圓智明大姉、

著胤 観光院殿空外傳明大居士、
御本腹、文化十四年丁丑六月十八日逝去、

女 於刻姫、伊澤助三郎奥方、
文政七年甲申十月廿四日、眞性院殿實相妙彩大姉、

某 富次郎、内膳、壽之助、
室賀兵庫、後美作守、

某 金之助、早世、文化十四年丁丑三月廿日、
知章院殿貞學俊英大童子、

某 大三郎、根來釆女、

某 兼次郎、佐竹中務、

女 於千津姫、早世、文政四年辛巳七月十一日、
寛影院殿幻光芳心大童女、

充胤 相馬大膳大夫、四品、吉次郎、大膳亮、
母松平大學頭頼暉女、御内室、松平甲斐守女、夭、
本明院、御後室、松平時之助姉、夭、天性院、
文久三年癸亥
將軍御上洛供奉、御參内之上、天盃御頂戴、

女 於愈姫、夭、天保十一年庚子十二月七日、
御本腹、溫考院殿、

卓胤 千葉寛次郎、佐竹山城、夭、天保十年己亥五月十五日、恭心院殿智賢良惠大居士、
佐竹中務養子、

某 東勇三郎、早世、文政六年未九月八日、圓光掌珠大童子、

某 千葉邦之助、早世、文政七年申六月十五日、梅林幻苗大童子、

女 於治姫、早世、文政十年丁亥八月九日、空身幻公大童女、

某 為五郎、早世、文政十二年己丑十月廿一日、観心知照大童子

女 於朗姫、早世、同年六月十六日、普覺寶山大童女、

女 於菊姫、早世、天保二年卯六月十六日、玉露幻泡大童女、

某 東純之助、早世、天保十一年庚子七月十九日、速道是境大童子、

女 於壽、相馬靭負室、

女 於維改盈、花房綾之助室、離別、

某 熊川兵庫、熊川左衛門養子、后小佐竹家江養子、改佐竹壹岐守、

女 於圓、相馬將監妻、

女 於富、泉田掃部緣女、掃部沒後、以特命配豐後、夭、

某 東直五郎、岡田帯刀養子、改監物、

某 東純之助、早世、右先江出、

女　於勝姫、早世、弘化二年巳正月八日、梅溪院、

女　於艷姫、早世、弘化三年午七月五日、明照院、

女　於邦姫、早世、弘化四年未九月十六日生、嘉永元年申正月十五日、微妙院、

女　於常姫、早世、嘉永三年戌五月廿六日、秋雲院、

女　早世、七月十七日、戒殊妙圓大童女、

虎丸　早世、嘉永三年戌五月廿三日、英山智光、

季胤　相馬因幡守、吉太郎、
母千代方、
嘉永五年壬子八月五日御誕生、慶應元年乙丑繼父充胤公御家督、

女　於忠姫、

龜五郎

（裏書）（利胤・義胤ノ項ノ裏ニアリ）

寛永十八年頃、當　將軍家源家光公被召日本諸大小名系圖之時、御當家系圖被獻上之當時、義胤主命予、先主軍功領知員數等、以證文記之、爰入數多證文有文箱、雖經三百有餘歳、祕府而未開今也、開之閲之腐損滅墨不分明、其中執證明而記之、自治少重胤主至光祿盛胤主者、顯胤主近習之士、得百十有餘歳長壽于今寛永十八在存聞傳、渠平日

之淸談而記之、自霜臺盛胤主至長州義胤主者、臨彼戰場之士數輩存在、聞此演說而記之、被　上聽之草案有別紙、而後親王家類族等某外事〻記錄、委細猶可傳後世旨、義胤主重而見命予、闇昧短慮而雖愢詞拙、難背嚴命又記之、號謂內系圖、則此一卷也、爰御當家祈禱所歡喜寺住法印俊盛俗姓室原、別書此一卷可預置旨、被懇望、是有一所者、被省有後代紛失而已、仍　義胤主被許諾而、又見命予、遂書寫訖、聊述來由、謹以裏書云爾、

寬永廿一年七月吉日　　中津吉兵衞幸政

相馬岡田系圖

▲氏神

●妙見大菩薩　尊星王

▲平姓

▲相馬岡田系圖

▲幕紋　縻馬

▲家紋　九曜星

●桓武天皇十二代孫千葉介常胤二男、

相馬次郎、又號二千葉次郎一、

∴師常

●將門十代孫相馬中務太輔師國之養子、繼二將門正統之系圖ヲ一、

母秩父大夫重弘女、知二領ス下總國相馬郡、陸奧國行方郡ヲ一、源賴朝之時、數度有二軍功一、

元久二年十一月十一日卒、年六十七、端坐合掌而決定往生、諸人拜レ之、

武功威勢拔群、關東十三流之內、又八平氏之內也、

●義胤　相馬五郎、

所領同上、

源實朝、又賴經兩將軍之時勤仕、

承久兵亂之時有二軍功一、

●胤綱　相馬次郎左衞門尉、

所領同レ上、

●胤繼　相馬小次郎、次郎兵衞尉、

領二北相馬郡之內所々一、

胤經　相馬左衞門尉、

胤村　相馬次郎左衞門尉、

氏胤　相馬太郎、

胤基　相馬左衞門尉、

胤忠　相馬上野介、

- 胤定　鷲谷《ワシガヤ》次郎、
  - 胤行　高井、
  - 胤重　戸張《バリ》、
- 胤光　根戸《ネド》三郎、
- 胤久　布施《フセ》四郎、
- 胤家　文間《モンマ》五郎、
- 胤長　相馬左衛門尉、
  - 胤宗　相馬左衛門尉、
    - 資胤　相馬上野介、
    - 道胤　小守屋《コモリヤ》遠江守、
- 胤朝　筒戸、
- 胤儀　相馬左衛門尉、
  - 胤高　相馬上野介、
    - 胤實　相馬左衛門尉、

- 德誕　寳林庵主、
  - 胤廣　相馬因幡守、
    - 胤貞　相馬小次郎、
  - 胤満　筒戸《ツト》攝津守、
  - 胤保　布施隱岐守、
- 胤晴　相馬小次郎、
  - 整胤　相馬小次郎、
    依二家僕逆心一生害、年廿三、
- 治胤　相馬左近大夫、
  以上、住二總州相馬郡一、
- 胤村　相馬五郎左衛門尉、孫五郎左衛門トモ、

領兩郡同上、
賴嗣・宗尊親王兩將軍之時勤仕、
正嘉二年八月勤二仕《ス》若宮祭例流鏑一、
弘長三年八月九日將軍家上洛、供奉人粗被レ記
レ之時、爲二人數一、同十四日・廿四日、大風稼穀
損亡、世間飢饉之間、上洛被二延引一、
此外所々供奉、度々將軍被下御點、

胤氏 相馬次郎左衛門尉、
領二奧州內赤沼、行方內
太田・吉名村一、

師胤 相馬五郎左衛門尉、
永仁之比、被二闕所一、
長崎三郎左衛門入道
思元拜二領此地一、

胤顯 相馬五郎、岡田祖、
領二總州南相馬內泉、奧州行方內岡田・院內・
大三賀・八兎村・飯土江狩倉・矢河原狩倉、同

國竹城保內波多谷村・長田村一、
弘安八年正月死、

胤重 相馬六郎、

有胤 相馬十郎、
領二相馬郡內伊奈村、行方內高平村一、

時胤 相馬小次郎、

胤時 相馬小次郎、

師胤 相馬嫡流 相馬彥次郎、左衛門尉、
領二相馬郡幷行方郡一、
依レ爲二當腹一立二嫡子一、拔二一族一兩郡之內被レ知二
領二百三十九町餘幷母堂遺領一族遺領等《ヲ》一、

重胤 相馬孫五郎、
領兩郡同上、建武三年四月、國司顯家卿責二

入鎌倉之時、於法華堂自殺、有軍功、

親胤　相馬孫次郎、出羽守、
領兩郡同上、度々有軍功、

胤頼　相馬治部少輔、讃岐守、
領兩郡同上、度々有軍功、

光胤　相馬彌次郎、胤頼代、
建武三年五月廿四日國司顯家卿攻小高城之時、討死、

憲胤　相馬治部少輔、
所領同上、

胤弘　相馬孫次郎、讃岐守、
所領同上、

重胤　相馬孫次郎、治部少輔、
領行方・宇太、

高胤　相馬出羽守、治部少輔、
所領同上、

盛胤　相馬大膳大夫、
所領同上、有軍功、

顯胤　相馬孫次郎、讃岐守、
領行方・宇太・標葉、

盛胤　相馬彈正大弼、
所領同上、有軍功、

女　田村清顯室、

義胤　相馬長門守、從五位下、
所領同上、有軍功、

隆胤　相馬兵部太輔、

鄕胤　相馬忠次郎、

女　(亘)曰理重宗妻、

利胤　相馬孫次郎、大膳亮、
所領同上、從五位下、

義胤　相馬虎之助、大膳亮、從五位下、
所領同上、

及胤 相馬左近、

女 寺澤兵庫頭紀氏高堅妻 肥前國唐津城主、

直胤 相馬越中、早世、

女 岩城忠次郎貞隆室、

忠胤 長門守、従五位下、實土屋民部利直二男、

貞胤 虎千代、號出羽守、従五位下、

昌胤 彈正少弼、従五位下、實忠胤二男、

敘胤 圖書頭、従五位下、實佐竹右京大夫義處二男、

胤朝 相馬九郎、

胤實 相馬孫四郎、

胤持 相馬又六、

胤通

胤門 相馬彦五郎、

通胤 相馬餘一、領二行方内大悲山村・小嶋田村・竹城保内長田村蒔田屋敷一、▲大悲山祖、

行胤 相馬孫次郎、所領同上、正和二年十一月廿三日得二父ノ讓狀ヲ一、

建武二年七月三日可領大悲山村由、有國宣、北畠中納言顯家卿、右近將監淸高執行之、同比屬相馬惣領手、數度有軍功、
法名明圓、

女　號櫛葉女子、亡夫之後、嫁掃部入道々雄之家人小松一族也、依此儀、父子義絶、
法名明戒、　無今生參會云々、

女　鶴夜叉、相馬又六胤持甥通胤妻、
知領大悲山村内、行胤同時得父讓狀、姉明戒依父不和、無遺領處、調謀書讓狀、訴國司顯家卿、奪取鶴夜叉領、其後甥朝胤幷又六胤持、鎌倉奉行所捧訴狀、數年間致訴論處、高時滅亡、止訴陳云々、世治後又訴之、依謀書顯然、逐(マヽ)鶴夜叉爲安堵云々、

朝胤　相馬又五郎、次郎兵衞尉、孫五郎重胤聟、
所領同上、建武四年十一月廿一日得父讓狀、建武兵亂以來、屬相馬惣領羽州親胤手、於所々數度有軍功、同五年爲勳功之賞、領奥州岩崎郡内米野村、

女　領竹城保内根崎村、

女　領行方内牛越村、

胤盛　相馬小次郎、又號岡田、
可領院内村・大三賀村・八兎村・波多谷村由、永仁二年八月廿二日相模守平朝臣貞時・陸奥守平朝臣宣時有御教書、

可レ領二竹城保内長田村一由、永仁二年八月廿二
日同朝臣有二御教書一、
可レ領二八兎村一由、應長元年八月七日相模守平
朝臣熈時・陸奥守平朝臣宗宣有二御教書一、
泉村・岡田村・飯土江狩倉・矢河原山同、正和
四年八月七日得二母堂胤顯後家、號二尼妙悟一譲状《ヲ》一、

胤兼 孫六、

胤俊 相馬十郎、
建武三年五月廿四日國司顯家卿攻《ルノ》二小高城《ヲ》一時、
有二城中一、致二防戰《ヲ》一逐《ニ》（マヽ）討死《ス》、

宗胤 孫七、

兼胤 與次、

胤元 與三、

胤康 相馬泉五郎、又號二岡田一、
泉・岡田・飯土江狩倉、元應二年三月九日（マヽ）得二母
堂胤盛後家、號二尼專照一譲状《ヲ》一、右可二領掌一由、元亨
元年十二月十五日前武藏守茂時（マヽ）元弘三鎌倉滅亡時於殿中自害、・相模守守時赤橋殿（マヽ）元弘三自害、
有二譲状之裏書一、
此外相馬郡内手賀・藤心兩村知二領之《ヲ》一、
八兎村、正和四年八月七日、得二祖母妙悟譲状《ヲ》一、
可レ領二波多谷村一由、建武元年八月一日有二國宣一、
顯家卿、
可レ領二奥州黒河郡内新田村一由、同二年三月廿
五日有二國宣一、同卿、

建武二年斯波《シワ》陸奥守家長時號二志和尾張彌三郎一、奥州發向之時、一族相共於二曰（亘）理河名宿一ニ參會以來、對二所々ノ敵城一ニ、有二戰功一、其上相ニ具シ相馬ノ惣領孫五郎重胤一ニ、馳二參鎌倉一ニ、度々抽二軍功一ヲ、
建武三年國司顯家卿下二向鎌倉一ニ合戰之時、屬二陸奥守家長手一ニ、寂前馳二向相模國片瀬河一ニ、四月十六日胤康并若黨飯土江彦十郎義泰討死之由、
同五月三日左衛門尉爲盛達二鎌倉奉行所一ニ、
右討死之事、家長重而書二加ヘ誓詞一ヲ、同四年八月十八日達二鎌倉一、
此時、顯家卿責二入鎌倉一間、源朝臣義詮被二敗北一、國司暫居二住鎌倉一之處、義詮立歸被レ責二國司一、國司敗北、經二東海道一、歸二城奥州靈山一、不レ遂二上洛一云々、

長胤　相馬六郎、又小六郎、
領ス二相馬郡御厨内田在家、岡田村内田在家一、元

應二年三月八日得二母堂ノ讓狀一ヲ、
建武三年三月屬二大將足利竹鶴手一、同十三日黑木入道一黨・福嶋一黨・美豆五郎入道等企二叛逆一間、相馬ノ惣領代彌次郎光胤相共ニ馳向對二治ス之ヲ一、
同廿三日・廿四日廣橋修理亮經泰爲二大將一寄二來小高館一ニ之間、抽二軍功一爲二防戰一、
同廿七日於二標葉一合戰、舍弟胤治相共勵二戰功一、召二捕フ標葉彌四郎清兼・同舍弟彌五郎仲清・同弟六郎清信・同弟七郎吉清・同弟小三郎清高・同弟餘子三郎清久等一ヲ、
同五月顯家卿攻ル二行方内小高城一ヲ之時、屬二彌次郎光胤一ニ、致二防戰一討死ス、
右討死之事、建武四年五月二日、陸奥守家長註ス二送武藏權守一ニ、

孫鶴

女

胤治 相馬七郎、
建武三年比、數度有二軍功一、討死同二長胤ニ一、

竹鶴

成胤 相馬四郎、
數度有二軍功一、討死同レ上、

福壽丸

胤家 字乙鶴、相馬小次郎、岡田新兵衛尉、常陸守、宮内太輔、
領二泉村・金山・魚梁戸・舟津一、以上相馬郡内、
岡田・八兎・飯土江狩倉、元德三年九月廿六日
得二父讓状ヲ一、院内・波多谷・新田、建武二年十
二月廿日得二父ノ讓状ヲ一、此外領二手賀・藤心、上總
國三直津・久良海・眞利谷、常州伊佐郡西方ヲ一、
同四年屬二石堂源藏人手一、於二奥州一度々有二戰功一、

同五年四月廿四日岩崎郡之内席田爲二勳功之賞一
知二行之一、有二沙彌石堂下知状一、
度々ノ軍忠神妙由、同七月廿四日沙彌有二感謝之状一、
曆應元年十一月廿四日討二落横川城ヲ一神妙由、又
可レ退二治黑木・宇田・靈山城ヲ一間、可レ遣二軍卒ヲ一
旨、有二沙彌催促之状一、
正平六年十二月十五日可レ馳二參宮方ニ一吉野殿、旨、右
馬權頭淸經執二行之ヲ一、
院内村知領不レ可レ有二相違一由、觀應二年九月十
五日吉良右京大夫貞家有二下知状一、
波多谷村知領不レ可レ有二相違一由、同十月廿五日
同人有二下知状一、
波多谷村知領不レ可レ有二相違一由、文和三年六月
六日左衛門佐有二下知状一、
貞治三年八月三日敍二宮内太輔ニ一、
羽州發向之處冣前ニ馳參シ軍忠神妙由、同十一日中
務太輔有二感謝之状一、

波多谷如レ元可レ領由、同六年九月廿一日有ニ散位下知状一、

孫鶴

そう一房

女

胤重　相馬岡田五郎、宮内丞、

領ニ泉郷・薩摩村内田在家・増尾村内田在家・上魚梁戸・金山・舟戸 以上相馬郡、岡田・八兎・矢河原狩倉・院内・上鶴谷・飯土江狩倉・波多谷ヲ一、以上貞治二年八月十八日得ニ父ノ譲状ヲ一、

胤繁　相馬岡田式部太輔、

胤久　字鶴若、相馬小次郎、岡田宮内太輔、

所領同レ上、

永徳四年卯月廿七日元服、所領同レ上、康暦三年五月廿四日得ニ父ノ譲状ヲ一、

女　龜鶴、

女　松犬、

女　こくろ、

胤行　豐鶴丸、岡田左京亮、

岡田・上鶴谷・院内・下矢河原・八兎・飯土江・波多谷、應永九年五月十四日得ニ父ノ譲状ヲ一、

相馬岡田系圖

信胤 岡田伊豫守、
所領同レ上、
自二延德一永正之間、沽二
却《ス》所々領知《ヲ》一云々、

基胤 岡田小次郎、
所領同レ上、
沽却《ス》二所々領知《ヲ》一、

義胤 岡田安房守、
所領同レ上、
自二永正一天文之間、沽
却《ス》二所々領知《ヲ》一云々、

茂胤 鶴若、岡田治部太輔、
所領同レ上、
年四十二而病死、

女 泉田、

女 植野、

直胤 岡田右兵衛太夫、
所領同レ上、年三十二而病死、

胤景 岡田兵庫介、
元和六年六月廿三日死、
年五十六、

胤清 岡田主膳
同年十一月十三日
死、年廿六、以下
無二子孫一、

女 熊河左衛門長春妻、

清胤 岡田右衛門太夫、
宣胤代、
關白豐臣秀吉公被レ征二朝鮮《ヲ》一之時、長門守義胤
主○被二參陣一之間、候《ス》二御供《ニ》一、於二京都一病死、年、

女 金澤備中妻、

女 山口志摩入道室、

宣胤　鶴若、岡田小次郎、出雲、八兵衛、
改二胤長一、

領二岡田・矢河原・鶴谷・請戸濱半分・大平・長岡・深野・大三賀・雫濱《シドケハマ》・院内・吉名村一、

慶長五年　源家康公後奉レ崇二東照大權現一被レ征二石田治部少輔三成《ヲ》一之時、長門守義胤○主依レ被二供奉延引一、被レ改二替本領《ヲ》一處、於二武州江戸《ニ》一、安堵被二仰付一、立二歸義胤○主本知《ニ》一給《ノ》後、被レ減二少岡田本領一云々、自レ是以下領二行方内泉村・澁佐村・院内村・中村内所々一、

同十九年・廿年豐臣秀賴公征伐之時、其外元和三年・同五年將軍家秀忠公上洛之時、利胤○主被二供奉一之間、候二御供《ニ》一、

元和八年羽州寂上城主寂上源五郎被レ改二替本領一之時、利胤主庄内酒田城番被二勤仕一之間、候二御供一、

同九年將軍家秀忠公・家光公上洛之時、利胤○主被二供奉一之間、候二御供一、

寛永三年四月廿五日死、年四十三、道號桂月、

長次　岡田左門、

正保二年九月十三日病死、年五十五、

長胤　岡田左門、母下浦修理女、

繼岡田八兵衛重胤遺跡、

女　熊川左衞門長定妻、

女　泉前《ノ》藤右衞門胤政室、

重胤　鶴若、源内、岡田八兵衛、

所領同上、家紋九曜星、自二中古一以來改《ル》二他文《ニ》一矣、

元和九年上洛之時、父相共《ニ》參洛、

寛永十一年武州川越之城、依二所替一暫爲二明地一之時、大膳亮義胤○主被レ勤二仕城番《ヲ》一之間、候二御

供一、
正保二年三春城爲二明地一時、義胤主被勤仕城番
之間、候二御供一、

貞清　木幡加左衞門、
繼二木幡勘解由長清遺跡ヲ一、仍改二木幡ト一、是ハ目々澤
一家也、

女　新館彦左衞門胤治妻、
（以下ノ部分、重胤ノ記事ニ續ク）
慶安二年大膳亮義胤主、攝州大坂城加番被二仰
付一、自二二月一至二同年八月一、被レ勤仕之時、候二御
供一、
同三年十一月十九日於二武州櫻田一病死、年四十三、
道號好巖宗雪、

長胤　岡田監物、元左門、實者岡田左門長次嫡男、
慶安三年十一月十九日夜、重胤俄發二病惱一卽時
死去、無二實子一、亦無二遺言一處、義胤主岡田者
代々爲二御當家重家一之間、不レ可二斷絕一之由被
レ仰、遺跡被二仰付一、萬治二年亥六月十一日病死、二十六歲、道號本質良元、
明曆四年自忠胤公御證文賜之、知行千三百三十
六石、於行方郡北鳩原・南鳩原・小谷・飯崎村
之內、全可被所務者也、

俊世　父中村太郎左衞門貞俊嫡男、母杉新右衞門政氏女、
岡田小次郎、依幼少寬文元年代忠胤主被仰付、同十二年隱居之後、中村城代被仰付、百人扶持賜之、延寶八年申ノ六月八日病死、
七十四歲、道號不求玄眞、死後□百人扶持、直知行
三百六十石、二男村田久太夫直世賜之、

伊胤　岡田三之助、父與左衞門俊世、母青田孫左衞門高治女、延寶七年未十一月五日死、道號是性妙實、

小次郎依病死可繼遺跡由、 忠胤主寛文九年六月
被仰付、 同十二年四月可號與左衛門由被仰付、
延寶元年十二月廿六日出羽守貞胤繼目御禮之時、
　征夷將軍家綱公御前仁被召出、 同七年未十二
月廿六日彈正少弼昌胤主繼目御禮之時、 依御不
例、 翌年甲（申）正月十五日　公方家家綱公御前江被
召出、天和二年壬戌、彈正少弼昌胤主越後國高田
在番勤仕之、 五月十一日發武陽江戸之時、 同月
二日從中村引卒諸士、 越州至開山供奉、 同廿一
日入城中、 翌年五月廿一日辭高田歸江戸、
俊世致仕《スルノ》時、 延寶三乙卯年五月自《リ》㆓貞胤公㆒
同除（マヽ）《セラル》㆓于城代職《ニ》㆒、至《テ》㆓昌胤公《ニ》㆒御證文賜《フ》㆑之《ヲ》、自《リ》㆓
先代《ノ》㆒除（マヽ）《セラル》㆓於城代職《ニ》㆒之間、 代《テ》㆑公《ニ》而可《シ》㆑執《リ》㆓行《フ》一
國《ノ》之仕置《ヲ》㆒矣、 若《シ》急事出來《ラハ》不㆑及㆑達《スルニ》㆓子細於上《ニ》㆒、
料見次第可《キ》㆓下知《ス》㆒者也、尤相《ヒ》㆓背《ク》伊胤《ノ》之下知《ヲ》㆒輩《ラハ》
者可《キ》㆑爲《ル》㆓重科《ニ》㆒事、 或《ハ》在江戸《ノ》時公用於《ハ》㆑有《ニ》㆑之者、
不㆑及㆑暇《ニ》可《キ》㆓參府《ス》㆒事、 附《リ》、從《リ》㆓前々㆒組預《ケ》置《キ》候上《ハ》

者、引㆓倶《シテ》組《ヲ》㆒而何方《ヘモ》可《キ》㆓扈從《ス》㆒者也、 右條《ノ》々自《リ》㆓
廣德院・光明院《ノ》御世㆒附㆓屬《スルノ》城代職《ヲ》㆒之通《リ》、今以
不㆓相替《ハラ》㆒可《キ》㆑勤《ム》之旨、 延寶八庚申二月廿九日御
證文賜《フ》㆑之《ヲ》、貞享四丁卯年九月廿八日自《リ》㆓昌胤公㆒
御證文賜《フ》㆑之《ヲ》、 行方郡於《テ》㆓北鳩原・南鳩原・小谷・
泉村內《ニ》㆒千三百三十六石任《セ》㆓先判《ニ》㆒宛《テ》㆓行《フ》之《ヲ》㆒訖《ンヌ》、
全可《キ》㆑有㆓知行㆒者也、元祿元戊辰年九月因《テ》㆓公命《ニ》㆒
而改《テ》㆓與左衛門《ヲ》㆒稱《ス》㆓監物《ト》㆒、元祿六癸酉年六月隱居、
號良山元賢、
享保九年甲辰十一月　讚州尊胤朝臣御時、 蒙
昌胤・尊胤兩君命、 爲老臣□扶持米七十人分再勤仕、 同十
三年戊申二月七日辭其職、

女
母木幡加左衛門貞淸女、
泉八兵衛乘信妻、

女　同母、藤田七十郎清宗妻、

小次郎　同母、十四歳病死、道號一泡嗖無、

女　同母、岡田三之助伊胤妻、

三千代　早世、母岡田監物長胤女、

知胤　幼名千五郎、同母、家督稱宮内、監物、内記、靱負、

元祿六癸酉年六月相二續《ス》伊胤之家督《ヲ》一、同年城代職附二屬《ス》于堀内玄蕃《ニ》一、因《テ》レ此《ニ》而當職中玄蕃《ノ》次可《キ》二着坐《ス》一之旨、自《リ》二昌胤公一御證文賜《フ》レ之、同十四年辛巳年二月廿八日敍胤公爲《メ》二續目之禮儀《ヲ》一而謁《スルノ》二征夷將軍綱吉公《ニ》一之時、同知胤《モ》謁《ス》二將軍綱吉公《ニ》一、同年三月因《テ》二公命《ニ》一、稱《ス》二監物《ト》一、同四月預《ル》レ組《ヲ》、寶永二年乙酉十月任老臣、同六年己丑正月到幾世橋彈正少弼昌胤君御隱居所、賀歳首、此日　昌胤朝臣命于知胤曰、御家累代繼嗣拜謝之時、岡田家可謁大君、若不有　旨自達可上府、同年六月五日敍胤朝臣致仕、　尊胤君爲家督御禮、同十二日登　城、知胤奉謁將軍家宣公、享保二年丁酉二月十五日　大守婚姻、江州膳所城主本多隱岐守康慶女、下總守康命妹、知胤受　御輿、爲其嘉儀、康命賜刀一腰行平、享保四年辭老臣職、同五年幽居、號對水、

女　同母、熊川兵庫長貞妻、

女　同母、泉甚右衛門爲信妻、

女 同母、原新右衛門長清妻、

女 同母、早世、

久米之助 同母、早世、

長八 同母、早世、

共世 後村田與市右衛門、三之助、母田中宗也娘、繼村田家、

女 同母、村田重左衛門師世妻、

女 藤岡道仙循性妻、

數之助 村田與一右衛門養子、

春胤 初名專之助、監物、母堀內玄蕃辰胤女、
享保五年庚子三月十六日相續家督、同十年乙巳六月預組、同十五年八月三日任老臣職廿二歳、元文五年閏七月十六日病氣ニヨッテ退役、寛保元年二月江府ヨリ應奪君召、三月十一日出府、同十二日再老臣職組支配元組被仰付、同五月野馬追ノ砌御召替御馬青黑毛名谷川鞍替具共ニ賜、同三年四月依病氣老臣職・組支配共御免、同年六月十五日致仕ヲ請フ、七月九日幽居、號貢、寶暦五亥年四月十五日急病ニテ卒、四十七歳、法名圓明院殿知月玄光大禪定門、

女　泉田掃部胤重妻、

女　服部伴左衞門妻、

女　早世、

鶴之助　堀内十兵衞胤綱養子、家督相續、號胤長、

徃胤　初名専五郎、監物、
母堀内十兵衞胤綱女、
享保十三申年三月廿日誕生、元文二年三月三日
大君尊胤公ェ初テ御目見、寛保二年戌六月家
督、十六歳、同三年元服、寶暦元年五月五日侍大
將被仰付泉田掃部元、兼支配、同八年寅十一月江戸ヨリ應
召出府、同十二月九日任老臣職、明和二酉五月
大君尊胤公致仕、恕胤御家督相濟御嫡孫、御承祖、同
六月朔日御家督御登城、此節登城奉謁　將軍家
重公、同廿二日御入部、江戸御發駕、中村迠御
騎馬相勤、同七年寅四月　恕胤公江府江御發駕
之砌、於　御前御刀拜領之、同八年四月有疾、
老臣職共組支配退、隱居、號直衞、
法性院殿義山大勇居士、

女　早世、母同、

女　同、母太田淸左衞門女、

鶴之助　早世、

主冷

辰四良　堀内大藏、後改兵衞、聟養子相續、改玄蕃胤徑、

和多利　徃胤養子、

直胤　初名和多利、帯刀、監物、實春胤末子、
母太田清左衞門女、
明和八年四月家督、同九月組支配士大將被仰付、
同十一月大病ニヨッテ組支配御免願之通被仰付、
同十二月隱居、名改靭負、

半治良　幼少ニテ家督、無程早世、安永三午八月十一日、
母堀内兵衞胤長女、胤徑養女、

恩胤　初名常五郎、監物、
母佐藤二左衞門元重女、實徃胤男、明和三戌年九月八日出生、

半治良幼年病死ニ付、常五郎家督相續可仕旨、
大守恕胤公蒙命、安永三午九月家督、于時九歳、同五
年申八月　大君恕胤公ヱ初御目見、先格之通御
太刀獻之、御盃御一字頂戴之、天明二年　月
日任侍大將、同三年卯十二月　恕胤君御隱居、
祥胤公ヱ御家督相濟、同廿八日御家督御禮御登
城、此節恩胤出府、御先例之通奉謁　將軍家齊
公、寛政元年酉十月六日任老臣職、寛政八辰正
月病氣ニ付退勤、組支配共願之通リ御免被仰付、
寛政元酉ノ二月祥胤君御隱居、樹胤君ヱ御家督
相濟、同月十八日御家督御禮相濟、將軍ヱ御目
見トシテ恩胤出府、御先例之通相濟、
同酉十一月廿二日樹胤君御玄(マヽ)服、リハツノ役恩
胤相勤、御義(儀)式古例如ク、同年三(マヽ)亥二月祥胤公
御女清胤縁組被仰出、都而家格之通被扱可申被
仰出、於(カ)養四才之時ゟ引取養育、
享和元辛丙(マヽ)士大將組支配蒙仰、寛政八年辰ノ十

一月祥胤君御娘お久御方、恩胤養女被仰付、相馬鍋五郎巴胤公江組レ縁、尤お久御方之義、家格之通□□□茂、雙方定式之通可受之被仰出、文化三寅老臣職被仰蒙、同年午退職、病氣ニ依テナリ、同年十二乙亥老臣職蒙仰、病氣ニ依而同十三丙子退職、

├恩胤　監物、妻、
├女
├二女　木幡春左衞門妻、
├三女　中田玄俊妻、
└男子　帯刀、寛政丁巳正月出生、

續目令離散者、以此一枚系圖可紀繼之、

△相馬岡田系圖

●桓武天皇―葛原親王―高見王―高望王

高望王―良將
　　　―良文

●忠頼　村岡次郎、繼將門跡、―忠常　四郎、千葉祖、―常將　千葉介、小次郎、―常長　同介、四郎太夫、

常兼　千葉太郎大夫、―常重　千葉介、―常胤

將門　相馬小次郎、
將國　相馬小次郎、二男、
文國　相馬小太郎、住常州信田、
賴望　信田小太郎、

常望　同小太郎、
將長　同小太郎、
長望　同小太郎、
兼賴　同小太郎、

重國　同小太郎、自是改相馬、
胤國　相馬小二郎、
師國

師常　相馬次郎、二男、
義胤　相馬五郎、
胤綱　相馬次郎左衛門尉、
胤繼　相馬小二郎、次郎兵衛、有子孫、

胤村　相馬孫五郎、左衛門尉、
胤氏
胤顯　相馬五郎、
胤盛　相馬小次郎、又號岡田、
胤兼　孫六、
胤俊　十郎、
宗胤　孫七、
兼胤　與次、
胤元　與三、

相馬岡田系圖

嫡流

●師胤　相馬彦二郎、左衛門尉、

重胤　相馬孫五郎、

胤康　相馬泉五郎、又號岡田、

胤家　相馬小次郎、岡田新兵衛、宮内太輔、

長胤　相馬六郎、

胤治　相馬七郎、

成胤　相馬四郎、

胤重　相馬岡田五郎、宮内丞、

胤繁　相馬岡田式部太輔、

胤久　相馬小次郎、岡田宮内太―、

胤行　岡田左京亮、

信胤　岡田伊豫守、

基胤　岡田小次郎、

義胤　岡田安房守、

茂胤　岡田治部太―、

直胤　岡田右兵衛大夫、

宣胤　岡田小次郎、八兵衛、

重胤　岡田源内、八兵衛、

長胤　岡田監物、

伊胤　岡田三之助、與左衛門、後號又稱監物、

知胤　岡田千五郎、宮内、後改監物、

解題

ここに『相馬文書』として収録したのは、奥州相馬氏の本宗家に伝来した「相馬文書」、庶子家の岡田氏に伝来した「相馬岡田文書（相馬岡田雑文書を含む）」、同じく庶子家である大悲山氏の「大悲山文書」の三種類の文書群である。奥州相馬氏に関するまとまった中世史料としては、これら三家のものが知られているが、これらについてはすでに、豊田武・田代脩「中世における相馬氏とその史料」（『日本文化研究所研究報告』別巻第三集、昭和四〇）、『福島県史7　古代・中世資料』（昭和四一）、『相馬市史5　資料編2』（昭和四六）などでその全史料が紹介・公刊されているほか、その一部は『大日本史料』や『千葉県史料　県外文書』（昭和四一）、『神奈川県史　資料編3　古代・中世3上』（昭和五〇）などにも収録されていて、多くの研究者の利用に供されてきている。

本書は、すでに公刊されているそれらの史料集を参照しながら、さらにもう一度改めて校訂を加え直したものである。なお巻末に、これまで未公刊であった「相馬之系図」と「相馬岡田系図」を参考資料として掲載した。

一、相馬文書

「相馬文書」は、奥州相馬氏の本宗家である磐城（福島県）の旧中村藩主相馬氏に伝来した古文書であるが、その原本は第二次大戦中に東京で戦災にあって焼失し、現存していない。ただし、明治二二年に写された影写本（全三冊）が東京大学史料編纂所に架蔵されているので、それによって「相馬文書」の全容は一応知ることができる。ここでもこの影写本に拠っている。

所伝によれば、相馬氏は平将門の後裔と伝えられているが、相馬氏の直接の祖は、桓武平氏の流れをくむ千葉氏の庶流として、千葉介常胤の二男師常からはじまる。師常は下総国相馬郡に本領をもって相馬氏を称するが、文治五年の奥州平泉討伐に父常胤とともに参陣して戦功をあげ、陸奥国行方郡を勲功の賞として与えられたという。以後、相馬氏は下総国相馬郡の本領とともに、陸奥国行方郡を代々相伝していくことになるが、いわゆる奥州相馬氏は、鎌倉後期に胤村の五男師胤の系統からはじまることになる。そして師胤の子重胤が一族とともに陸奥国行方郡に下向することによってその基礎が固められ、以後、この系統が行方郡小高の居館を中心に、奥州相馬氏の本宗家として発展していくことになる。

ところで「相馬文書」には、文永九年の関東下知状から近世初頭の徳川秀忠黒印状にいたるまで、全部で一四四通の文書が含まれているが、一紙に二点の文書が写されているものもあるので（相馬文書三八・五一、および七四・九二）、点数にすれば総数一四六点の文書からなりたっていることになる。影写本の文書配列の順は、おおよそ編年になっているが、ここでは一紙に二点写されているものを分離したほか、年未詳のものについては大体の年代を推定して適宜配列したりしたので、影写本の文書配列の順とはやや異ったところがある。たとえば影写本では、永仁二年御配分系図（相馬文書七）、相馬系図（相馬文書一〇二）、相馬一族闕所地置文案（相馬文書六二）の順に系図類が三点まとめられて、そのあとに「以上三通之系図ハ、自胤綱至胤村以下五代父子之証文、其外兄弟一類等是以記之、」という押紙が加えられているが、ここではそれらをおおよその年代に相当するところに分散して配列してある。あるいはまた、年未詳の富田知信書状（相馬文書一三五）は、「奥両国惣無事令」の発令に関連して天正一五年のものと推定されるので（藤木久志

「〝関東・奥両国惣無事〟令について」参照、杉山博先生還暦記念会編『戦国の兵士と農民』所収）、それに従って文書配列の順が影写本とは若干違っている。

前述したように、「相馬文書」は鎌倉後期から近世初頭にいたるまでの文書を含んでいるが、年代的には鎌倉後期から南北朝期にかけてのものが大部分であり、とりわけ南北朝期に関するものが全体の約五分四近くにものぼり、圧倒的な比重を占めている。またそれらは、内容的には鎌倉後期から南北朝期にかけての相馬氏の所領の相伝関係を示す譲状などの類と、南北朝内乱期における相馬氏を中心とした東北地方の政治状況を示すものとに大別することができる。前者は、相馬氏の所領のあり方や状態、あるいは惣庶関係などをうかがう上できわめて重要な史料となる。一方後者は、東北地方における南北朝内乱期の政治状勢やその推移、あるいは相馬氏をはじめとする東北諸豪族の動向などを知る上で、きわめて豊富な内容を提供してくれる。とくに後者の場合、当時の政治的・社会的状況を反映して、後醍醐天皇綸旨や陸奥国宣をはじめ、軍勢催促状や軍忠状などの類が多くみられるのが特徴的である。

ところで、本書巻末に収録した「相馬之系図」（歓喜寺所蔵）は、寛永一八年に三代将軍徳川家光の命によって幕府に提出した系図（いわゆる『寛永諸家系図伝』所収のもの）をもとにしたものであるが、同二一年に中村藩の祐筆中津吉兵衛幸政が記したその裏書には、「……御当家系図被献上之当時、義胤主命予、先主軍功領知員数等、以証文記之、爰入数多証文有文箱、雖経三百有余歳、秘府而未開今也、開之閲之腐損滅墨不分明、其中執証明而記之、……」とあって、多数の文書が文箱に納められたまま長い間秘匿されてきていたとされている。またのちに富田高詮が編纂した『奥相秘鑑』（『相馬市史5　資料編2』所収）の記事によれば、寛永一八年二月に将軍家光の命によって諸家の系図を上覧に供する際、それまで相馬氏の由緒を示す証文がなかったので各所を探索したところ、天守の梁に結びつけた包を発見して、そのなかから八幡大菩薩の旗とともに証文雑文百余通をみいだしたともいう。さらに「相馬文書」のなかの目々沢道弘置文（相馬文書一三四）に付せられている押紙には、「目々沢或号木幡、此仁相馬之系図并代々相伝之重書等預リ置之処ニ、至弾正盛胤御時被殺戮之時、系図文書等紛失云々、御当家自師常相続之証文此書物也、」とあって、目々沢道弘に預けておいた相馬氏相伝の系図や文書等が、相馬盛胤によって彼が失脚し殺された時に紛失してしまったという所伝を載せている。

　これらのことを考えるならば、いわゆる「相馬文書」は、寛永一八年ごろまでは全く人の目にふれることなく長い間秘匿され、忘れ去られていたもののようである。それがこの機会にようやく陽の目をみて、系図作成に利用されるとともに、さらに同系図の相馬義胤の項に「同（寛永）十九年系図証文可被一覧之由、太田備中守系図集編奉行被申送之間、数十通備進之、五七日抑留、羅浮山道春以下儒子数輩見証、聊無疑貽之由、被感美、達上聴之、」とあるように、寛永一九年には幕府の求めに応じてその一部が差し出され、羅浮山道春（林羅山）以下の儒学者の閲覧にも供されて、人々に知られるようになったようである。こうしてようやく世に知られるようになった「相馬文書」は、その後、たとえば享保二〇年に成立した富田高詮の『相馬家譜』（『相馬市史5　資料編2』所収）や、さきの『奥相秘鑑』をはじめとする相馬氏に関する系図・家譜・史書などの編纂にひろく利用され、参照されるようになったと思われる。

　また、数年前に公刊された『続群書類従　第三十五輯　拾遺部』のなかに、飯倉晴武氏の校訂による「相馬家譜」なるものが収録されているが、それは「相馬文書」の一部にあたる七八通の文書を収めたものである。これは続群書類従目録のなかに「相馬家伝」という書名だけみえて、本文には収録されなかったものであるが、その底本となるべき写本は、和学講談所からひきつがれて内閣文庫に現存している。さらにその転写本とみられるものも内閣文庫と静嘉堂文庫にそれぞれ一本ずつ現存しているが、とくに後者の奥書には「文化戊寅初春初八日写之、中山信名、即一読了、」とあって、文化一五年（＝文政元年）に写されたものであることが判明する。

以上のことから推測されるのは、「相馬文書」原本のなかから、相馬家の由緒を示す重要な文書七八通が選ばれて写され、続群書類従に収録が予定されたが、何らかの事情で本文への収録が見送られて、「相馬家伝」という書名のみが目録に登載されたということになろう。そしてその転写本の一つである静嘉堂文庫本が文化一五年に写されたものであるから、その祖本にあたる和学講談所旧蔵本は、少なくともそれ以前に写されたものということになる。このように、「相馬文書」の一部が「相馬家伝」という書名で写され、またその転写本がいくつか存在しているということは、そのころにはすでに、「相馬文書」の内容が領内のみならず、江戸においてもある程度人々の間に知られ、注目されていたことを物語っていよう。

ところで「相馬文書」の影写本によると、本文以外に書き込みがされている部分がいくつか散見する。そのうち文書の枠内に書かれているものは押紙による註記、また文書の枠外に書かれているものは別紙による註記と判断して区別することにした。これらの押紙や別紙による註記が、いつごろ誰によってなされたのかは不詳であるが、たとえば「朝鮮征伐之時、長門守義胤肥前名護屋ヨリ標葉ニ居住ス閑巷院同遍上人江送玉フ御返簡、御家ノ証験トナル訳合、奥相秘鑑三巻ニクワシク記、」といった註記（相馬文書一四一）があることから、これらの註記のなかには『奥相秘鑑』の成立以降に施されたものがあることは確かである。さらに臆測するならば、こうした註記が『奥相秘鑑』の著者富田高詮によって施された可能性もあるのではないだろうか。富田高詮は、中村藩の祐筆や御納戸役などを歴任するとともに、君命によって享保二〇年には相馬氏累代の年譜である『相馬家譜』二〇余巻を編纂したほか、さらに相馬家に伝わる古記録などをもとに『奥相秘鑑』（全一〇巻）を著わすなど多くの著作を残しており、また古証文の整理・校訂にも努めた藩内有数の学者として知られている（『相馬市史5　資料編2』の解説参照）。これらの押紙や別紙による註記のなかには、たとえば斯波家長の花押について「源判、左馬頭義詮尊氏嫡男御判也、高野山法勝院ニ有類判、」（相馬文書三五）と註記したり、あるいは石橋棟義と推定される陸奥守を「山名陸奥守氏清」と註記しているように（相馬文書一二四）、必ずしも正確でないものもある。そしてこの場合、とくに前者の註記と、富田高詮が編纂した『相馬家譜』のなかの「同年（建武二年）十一月二十二日、下総国相馬郡ノ内、尊氏御計ニテ源義詮ヨリ領地ノ証文ヲ親胤ニ給ル、津々戸・鷲ノ谷・藤谷・大鹿・高井・高柳六箇村、義詮ハ尊氏嫡子、尊氏西国留守東国ノ管領ノ時也、」という記事とが照応することに注目されるのである。もちろんこれだけで断定することは危険であるが、「相馬文書」のなかの註記の間違いと富田高詮が編纂した『相馬家譜』の記事とが一致していることは、押紙や別紙による註記のなかには、富田高詮によって施されたものもある可能性を示唆しているのではないだろうか。

二、相馬岡田文書

「相馬岡田文書」は、奥州相馬氏の有力庶子家である岡田氏に伝来した古文書である。岡田氏は相馬胤村の二男胤顕を祖とし、陸奥国行方郡岡田村を領して岡田氏と称したという。「相馬岡田文書」の原本は、岡田氏の子孫にあたる東京都世田谷区在住の岡田幸胤氏が現蔵されているが、これらの文書は二巻の巻子に仮装丁されている。そのうちの一巻は題簽がないが「相馬岡田文書」と称しており、他の一巻には「雑文書」という題簽があるので「相馬岡田雑文書」と称している。前者には五〇通の文書が含まれているが、そのなかには裏文書も一点あるので（相馬岡田文書三五）、点数にすれば全部で五一点の文書があることになる。一方、後者のなかには近世から明治初年にかけての文書も十数通含まれているが、それらを除外すれば、二三通の中世文書があることになる。ただし、これにも一紙に二点写されているもの（相馬岡田文書二〇・二一）やその裏文書（相馬岡田文書四〇）があるので、点数にすれば二五点の文書ということになる。したがって両者をあわせれば、岡田氏に伝来した中世文書は全部で七六点存在することになる。

「相馬岡田文書」と「相馬岡田雑文書」との区別は、岡田氏に関する主要な文書とその他の文書という意味であろうが、それはこれらの文書を巻子に仮装丁する際のきわめて便宜的な分け方にすぎず、内容的に両者をとくに区別する必要はないと考える。したがってここでは「相馬岡田雑文書」を含めて、岡田氏に伝来したすべての中世文書を「相馬岡田文書」として一括してとり扱うことにした。ただし、「雑文書」とされているものには、念のために表題のところに※印をつけて判別できるようにした。なお、文書の配列は編年に従ったが、年未詳のものについては、年代を推定しておおよそのところに適宜配列した。

これら七六点の「相馬岡田文書」は、年代的には鎌倉後期の弘安八年の相馬胤顕置文から戦国時代の天文年間にいたる間のものであるが、これまた南北朝期のものが圧倒的に多い。内容的にも「相馬文書」と同様、所領の相伝関係を示す譲状などの類や、奥州相馬一族の南北朝内乱期における動向などをうかがわせる文書類が多い。本書の巻末に収録した「相馬之系図」（歓喜寺所蔵）をみると、そのなかにこうした「相馬岡田文書」の内容が利用されているので、「相馬岡田文書」の存在は、少なくともこの系図が作成された寛永年間ごろには、すでに知られていたことは確かである。

なお、建武四年に相馬（岡田）胤家が新田源三郎跡の下総国相馬郡手賀・藤心両村について、「先祖本領」たることを理由に安堵されんことを申請している（相馬岡田文書二八・三〇・三一）。この両村は、かつて相馬能（義）胤の女が父から譲り与えられたのち、新田氏の一族岩松時兼に嫁したので、以後、岩松氏に伝領されるようになったものである。そうした事情のために、この手賀・藤心両村に関する文書が、「正木文書」のなかにいくつか収められているが、それらについては「正木文書」を参照されたい（『群馬県史　資料編5　中世1』所収）。

三、大悲山文書

「大悲山文書」は、奥州相馬氏の庶子家の一つである大悲山氏に関する古文書である。大悲山氏は相馬胤村の八男通胤を祖とし、陸奥国行方郡大悲山村を領したので大悲山氏と称される。この「大悲山文書」の原本は、福島県相馬郡小高町古城の相馬小高神社の宮司相馬胤敏氏が現蔵されている。この相馬小高神社の所在地が、中世における奥州相馬本宗家の居城跡にあたる。

「大悲山文書」は、文永九年の関東下知状をはじめとする鎌倉後期から南北朝期にかけての文書からなりたっているが、内容的にはやはり、所領に関する譲状や南北朝内乱期の動向を示すものになる。文書は全部で一六通あるが、そのうちの二通は紙継目が離脱したもので、本来は一通のものである（大悲山文書二）。したがって点数にすれば、「大悲山文書」は全部で一五点存在することになる。

これらの文書は、これまで巻子に装丁されずに簡単な裏打ちだけがされていたが、最近、巻子に軸装するために裏打ち紙を剥離したところ、その裏打ち紙のなかから、従来全く知られていなかった文書断簡が十数点新たに発見されたという。それらには「相馬新」とか「□〔行〕方郡岡田村之」といった文字の断片がみられることから、相馬氏に関する文書の一部と判断されるが、あまりにも断簡であって内容を読みとることが不可能であるので、ここでは割愛することにした。

四、相馬之系図と相馬岡田系図

奥州相馬氏に関する系図は、『寛永諸家系図伝』所収のものをはじめ、これまでにいくつかの種類が知られているが、それらのなかには『続群書類従』『諸家系図纂』『寛政重修諸家譜』などに収録されてすでに公刊されているものもある。しかし、本書の巻末に収録した「相馬之系図」と「相馬岡田系図」は、いまだ公刊されたことがなかったものなので、ここに参考資料として掲載することにした。

「相馬之系図」は、相馬氏の祈願所であった福島県相馬市中村の歓喜寺（氏家義興氏）に伝来し、現蔵されているものである。桓武天皇にはじまる本系図は、平将門のところに「相馬祖」と朱註し、将門の従兄弟の忠頼を「継将門跡」として千葉氏に結びつける一方、将門の二男将国の子孫を千葉介常胤の二男師常に結びつけて「相馬嫡流」と朱註している。そして師常の二代あとの胤綱と胤継の時に、奥州相馬氏と総州相馬氏が分かれたという記載をとっている。奥州相馬氏の系統には、胤村の二男胤顕にはじまる岡田氏、五男師胤からはじまる相馬本宗家、十男とされる通胤の大悲山氏などの系譜がそれぞれ載せられているが、師胤には「嫡流」と朱註されている。こうして以下、代々の相馬本宗家の系譜と事績がかなり詳細に記されて、最後は慶応元年に季胤が父充胤から家督を継いだことで本系図は終っている。ただしこの系図は、本来、近世初期の義胤の代までのものであって、その前後で筆跡も異っている。

さきにもちょっとふれたが、本系図作成の事情は、義胤の項の紙背に書かれた裏書によって知ることができる。寛永二一年七月吉日に中村藩の祐筆中津吉兵衛幸政が書いたこの裏書によれば、寛永一八年の頃、三代将軍徳川家光が諸大名に系図を献上するように命じた時、藩主相馬義胤の命によって数多の証文や古老の話をもとに系図を作成したが、のちに相馬氏の祈禱所である歓喜寺の法印俊盛の懇望で、もう一巻の写しをつくって歓喜寺に預け置いたのが本系図であるという。こうして本系図が作成された事情は明確に知ることができる。したがって義胤のあとをうけた勝胤以降については、その後、歓喜寺関係者などによって順次書き継がれていったものということになる。なお、本系図の中世に関する部分には、「相馬文書」「相馬岡田文書」「大悲山文書」の内容が、それぞれ利用されていることがわかる。

次に、「相馬岡田系図」は、「相馬岡田文書」と同じく東京都世田谷区の岡田幸胤氏が現蔵されているものである。相馬氏の祖師常からはじまり、近世後期の恩胤にいたるまでの岡田氏歴代の系譜を書き記したものである。奥州相馬氏と総州相馬氏に分かれるのが、師常の二代あとの胤綱と胤継の時であるとした点などが共通するので、本系図はさきの「相馬之系図」（歓喜寺所蔵）をもとにして作成されたものではないかと思われる。本系図の中世に関する部分の多くは、「相馬岡田文書」の内容を参考としたものであることがわかる。なお、本系図の末尾には、「続目令離散者、以此一枚系図可糺継之」と記された簡単な系図が一枚添えられている。

五、中世相馬氏研究の現状

第二次大戦前においては、中世相馬氏を中心とした本格的研究は、管見の限りではほとんどみあたらず、わずかに歴代相馬氏の事績を略述した今野美寿『相馬藩政史　上下』（昭和一五）や、近世相馬氏の藩政確立に関連して戦国期の相馬氏についてふれた伊東多三郎「相馬藩政確立の過程」（『歴史地理』七七ノ六、昭和一六）などがみられる程度にすぎない。第二次大戦後にあってもしばらくは、たとえば永原慶二「東国における惣領制の解体過程」（『史学雑誌』六一ノ三、昭和二七、のち『日本封建制成立過程の研究』所収）や、豊田武「初期の封建制と東北地方」（古田良一博士還暦記念会編『東北史の新研究』所収、昭和三〇）をはじめとするいくつかの論稿のなかで、「相馬文書」の一部が引用されて、相馬氏の動向が部分的にふれられたことはあるが、中世相馬氏に関する問題を全面的にとり扱かった研究は、まだあらわれてこなかった。

中世相馬氏を中心とした諸論稿があいついであらわれ、本格的な研究がすすめられてくるようになるのは、ようやく昭和四〇年代に入ってからのことになる。その最初は、「相馬文書」「相馬岡田文書」「大悲山文書」の全史料をはじめて公刊するとともに、相馬氏の惣領制や所領のあり方、あるいは南北朝内乱期の相馬氏の動向などの検討を試みた豊田武・田代脩「中世における相馬氏とその史料」（『日本文化研究所研究報告』第三集、昭和四〇）であるが、続いて相馬氏の所領について論じた高橋健一「中世相馬氏の所領形成」（『福大史学』5　昭和四二）が発表されている。さらに『福島県史1　原始・古代・中世（通史編1）』（昭和四四）が発刊されることによって、東北諸豪族全体の動きとともに、南北朝内乱期の相馬氏の動向が詳細かつ具体的に追求されて多くの知見を与えてくれた。また相馬氏関係の諸史料も、『福島県史7　古代・中世資料』（昭和四一）や『相馬市史5　資料編2』（昭和四六年）のなかにそれぞれ収録されて、研究の便宜がはかられるようになった。

こうして中世相馬氏に関する研究が本格的にすすめられてくるようになったが、とくに最近では、岡田清一氏がこの問題に精力的にとりくんでおり、相馬系図の諸本を比較検討してその相互の関係を明らかにしようとした「相馬系図成立に関する一考察―諸本の異同を中心として―」（『地方史研究』一四九号、昭和五二）、相馬氏の成立過程を論じた「鎌倉初期の相馬氏」（『総林』一号、昭和五二）、あるいは相馬氏の所領と惣領制のあり方を追求した「中世の相馬氏」（『東北福祉大学紀要』第二号、昭和五二）などをあいついで発表するとともに、それらの論稿をもとに『中世相馬氏の基礎的研究―東国武士団の成立と展開―』（崙書房、昭和五三）という著書も刊行して、中世相馬氏についての総合的・本格的な研究を深めてきている。一方、市史編纂の一環として我孫子市教育委員会から刊行された『我孫子市史研究』第二号（昭和五二）では、〝相馬御厨と相馬氏をめぐって〟という特集をくみ、岡田清一「中世相馬御厨に関する覚書」、森田洋平「相馬郡と相馬氏について」などの諸論稿を載せている。さらにひきつづいて『我孫子市史研究』第三号（昭和五三）でも、森田洋平「相馬惣領家とその所領」、岡田清一「中世相馬氏における散在所領の支配形態―南北朝期戦闘集団の分析を通じて―」、湯山学「相馬御厨と島津、摂津両氏付・足助尼のこと」などの諸論稿を収録している。こうした論稿のなかで、「相馬文書」そのものの史料批判が試みられるとともに、また相馬氏の惣領制や所領のあり方などについても、いくつかの新らしい見解が出されてくるようになった。また『相馬市史2　各論編1』（昭和五三）には、前出の伊東多三郎「相馬藩政確立の過程」や岡田清一「相馬系図成立に関する一考察」などの既発表論文が再録されているほか、千枝章一「相馬氏奥州移住の年代に関する一考察」なども収められている。

「相馬文書」などを引用して部分的に相馬氏にふれている研究は、もちろんこれらのほかにいくつもあるが、中世の奥州相馬氏を中心に論じた最近の主要な論稿としては、管見の限りではおおよそ以上のようなものがあげられる。こうしてみると、ここ一〇年間ほどの中世相馬氏に関する研究は、かなり活況を呈するようになったといえようが、さらに今後、より一層の本格的研究の発展と深化が期待される。

昭和五十四年十二月十五日印刷
昭和五十四年十二月二十日発行

史料纂集〔古文書編〕
相馬文書
校訂 豊田武
田代脩

発行者 太田ぜん
製版所 続群書類従完成会製版部
印刷所 東京都豊島区北大塚二丁目三三番二〇号 株式会社平文社
発行所 東京都豊島区北大塚一丁目一四番六号 株式会社続群書類従完成会
電話＝東京(915)五六二七 振替＝東京二‐六二六〇七

相馬文書

史料纂集 古文書編〔第13回配本〕
〔オンデマンド版〕

2014年7月30日 初版第一刷発行 定価（本体8,000円＋税）

校訂 豊田武
田代脩

発行所 株式会社 八木書店古書出版部
代表 八木乾二

〒101-0052 東京都千代田区神田小川町3-8
電話03-3291-2969（編集） -6300（FAX）

発売元 株式会社 八木書店

〒101-0052 東京都千代田区神田小川町3-8
電話03-3291-2961（営業） -6300（FAX）
http://www.books-yagi.co.jp/pub/
E-mail pub@books-yagi.co.jp

印刷・製本 （株）デジタルパブリッシングサービス

ISBN978-4-8406-3434-2 AI526